김 비서가 왜 그럴까

김 비서가 5
왜 그럴까

글·그림 **김명미**
원작 **정경윤**

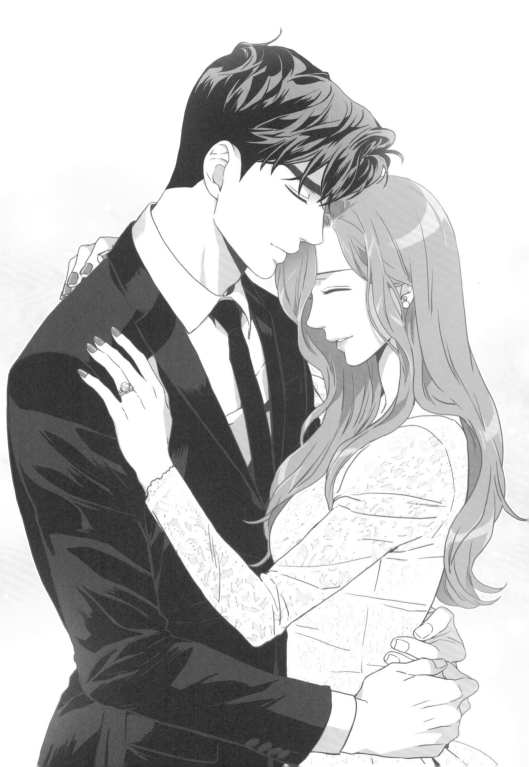

이야기 차례

5/6
09:00 회의
13:00 00거래처 미팅
15:00 XX지점 미팅

5/7
11:30 회의
13:00 XX거래처
16:00 부서 회식

5/8
14:00 신사

YUIL

비서실
김지아
kim Ji A

반드시 확인할 것!!

CHAPTER 63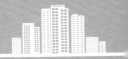

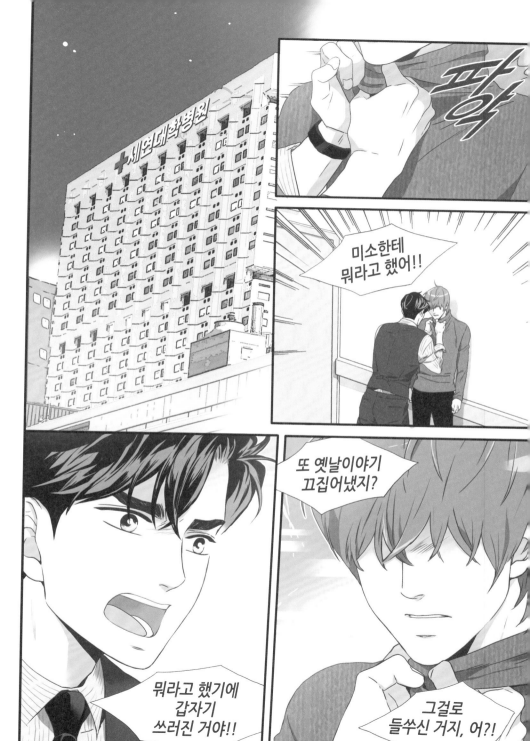

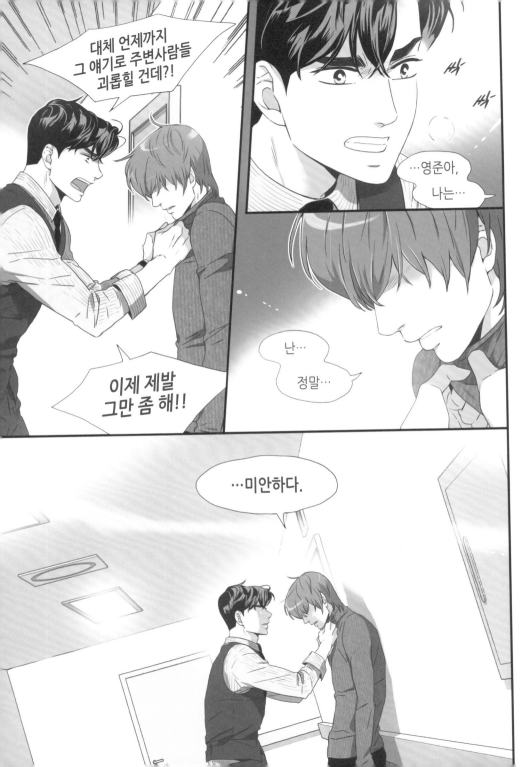

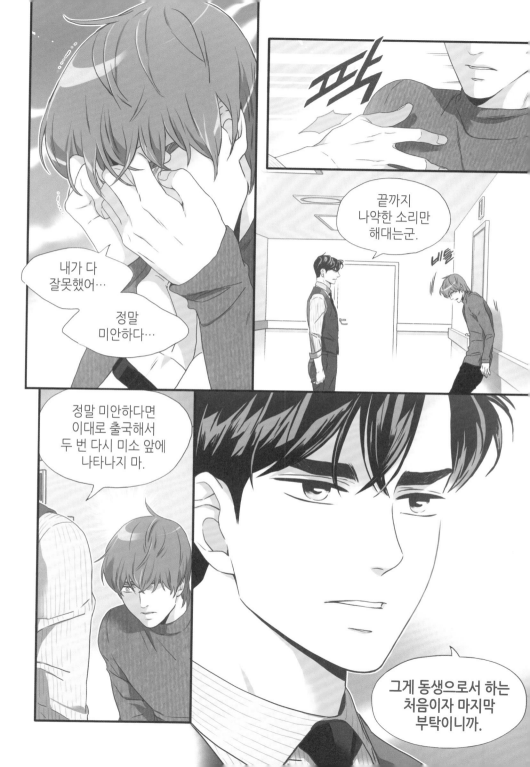

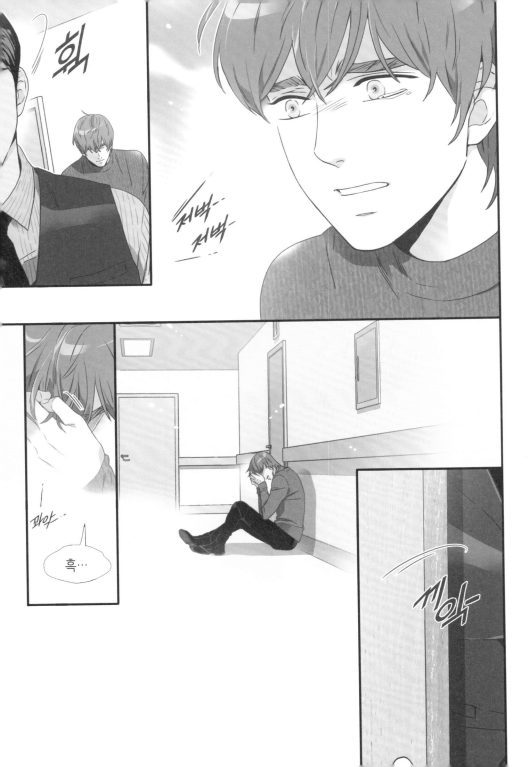

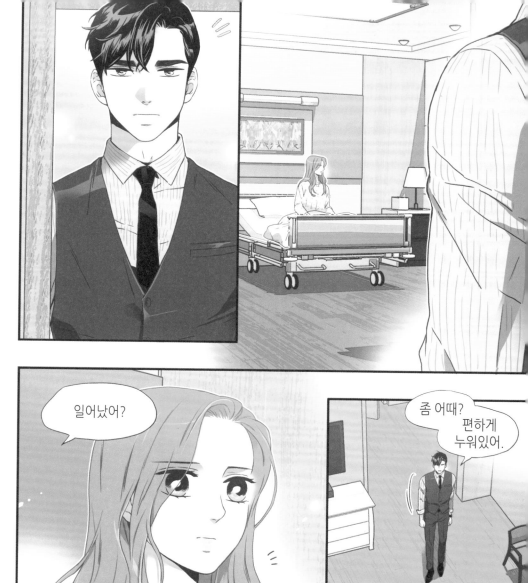

일어났어?

좀 어때?
편하게
누워있어.

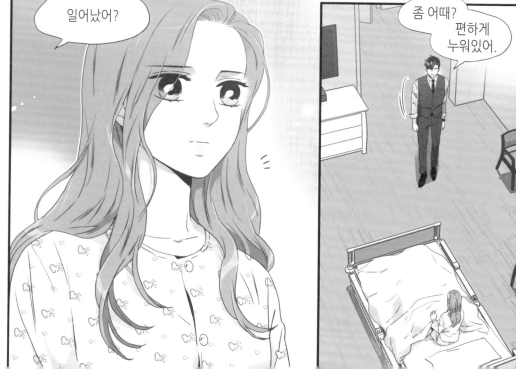

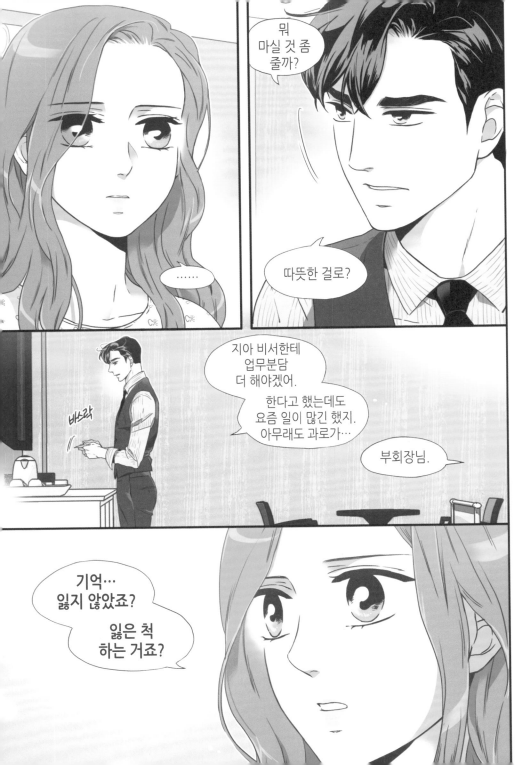

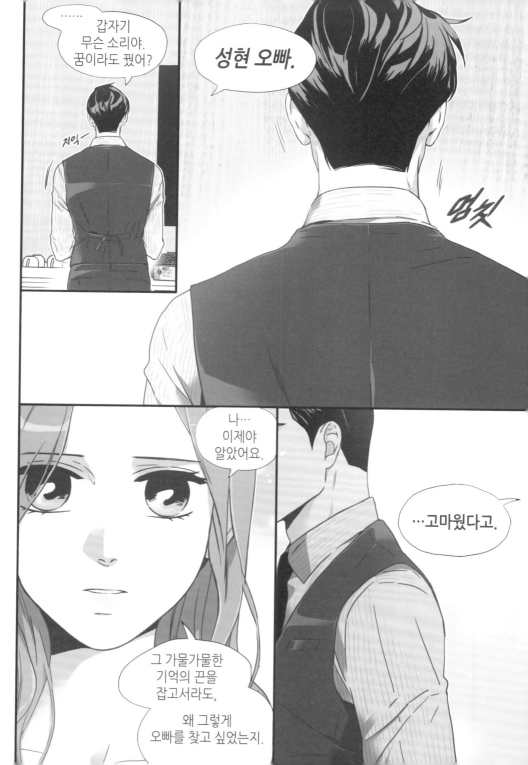

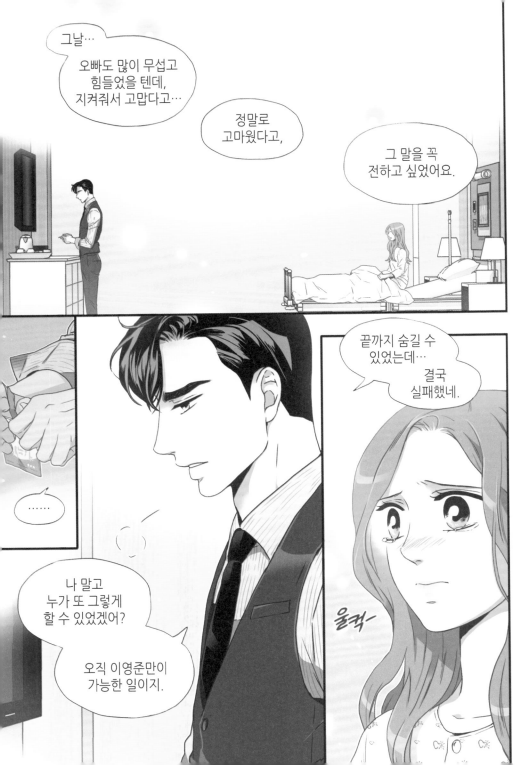

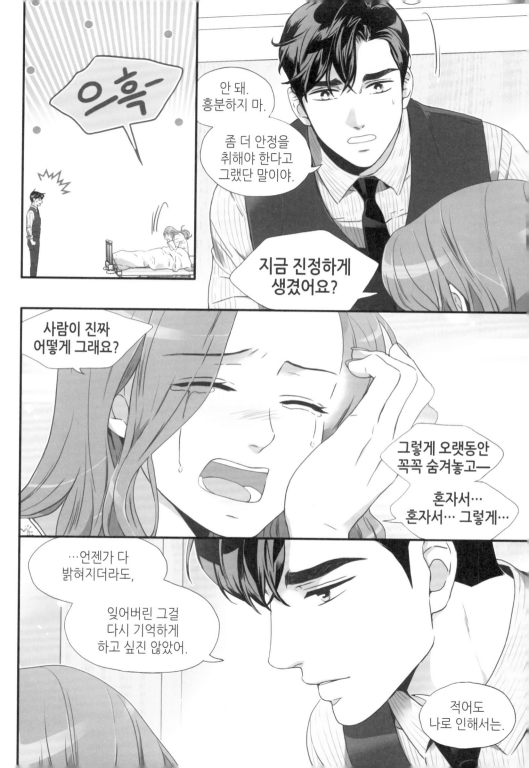

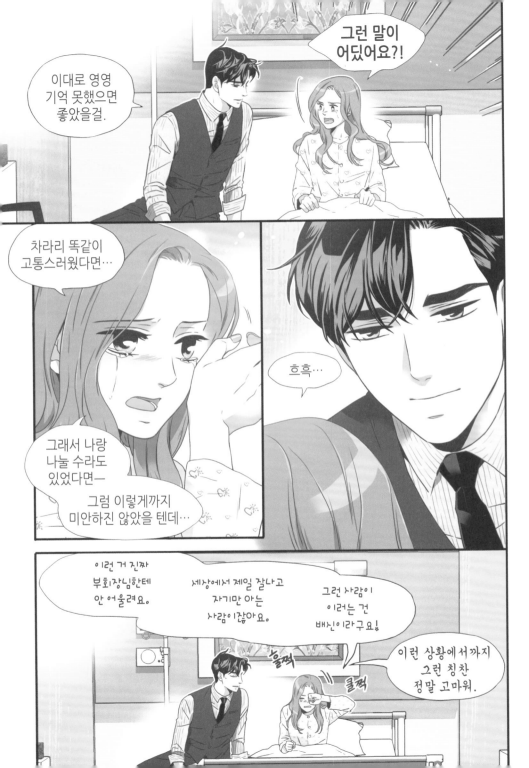

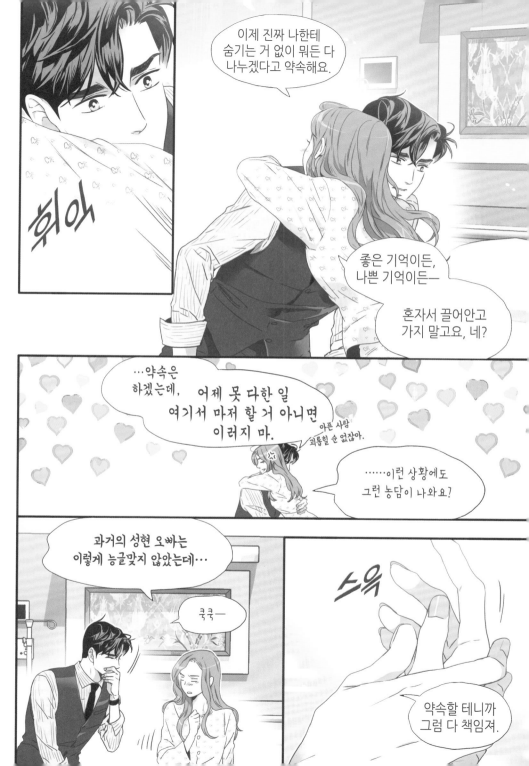

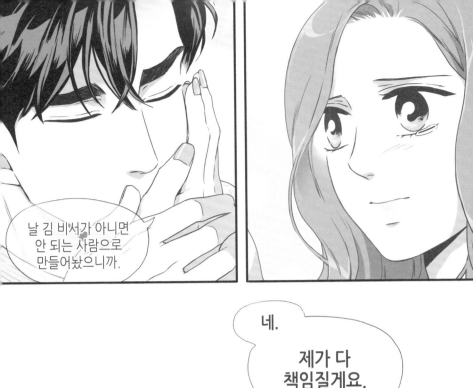

날 김 비서가 아니면 안 되는 사람으로 만들어놨으니까.

네.

제가 다 책임질게요.

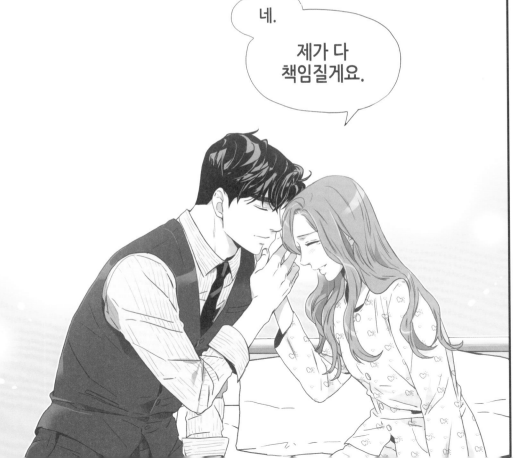

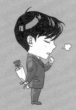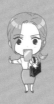

김 비서가 **5**
왜 그럴까

CHAPTER 64

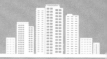

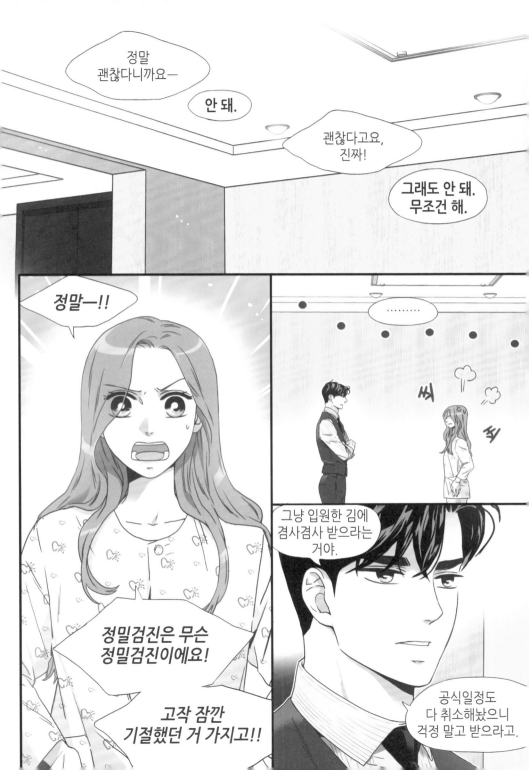

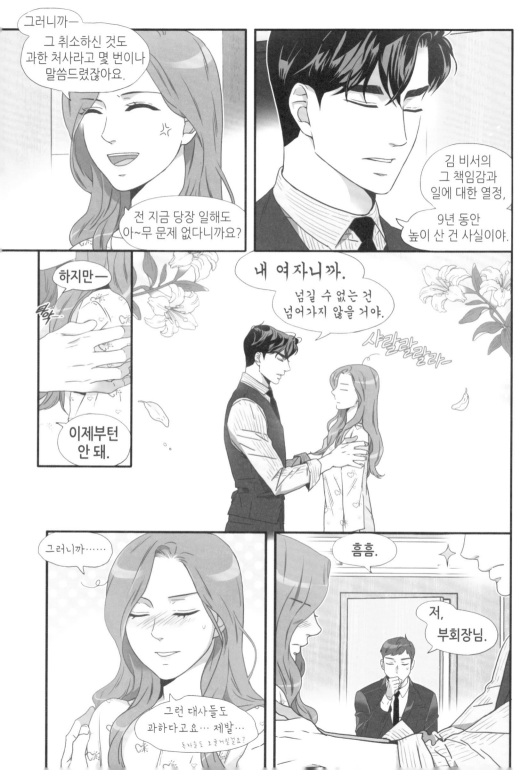

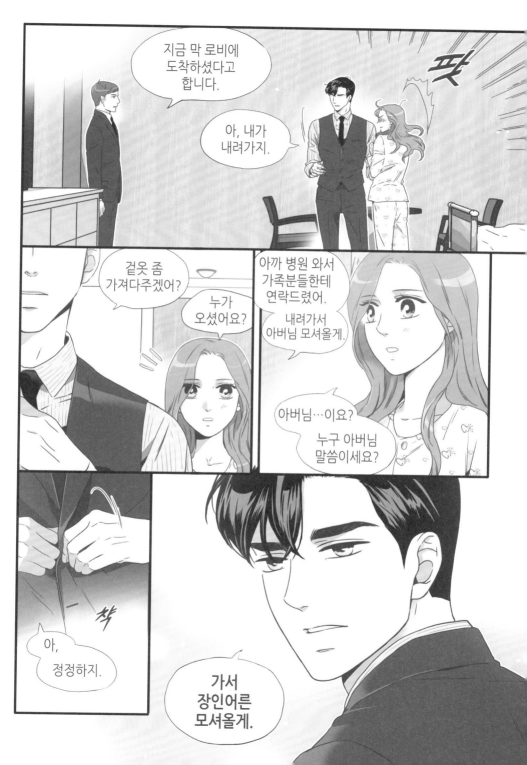

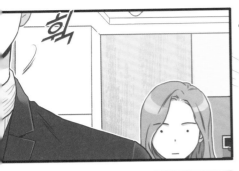

헉…!

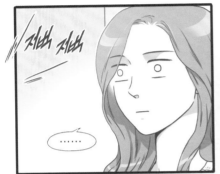

지끄 지끄

……

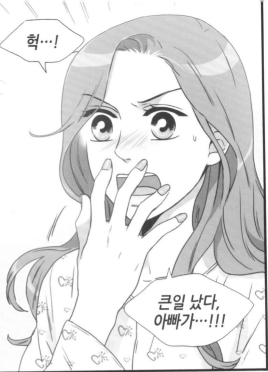

큰일 났다,
아빠가…!!!

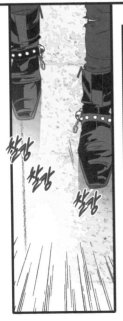

찰강
찰강
찰강

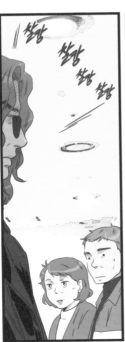

찰강
찰강 찰강

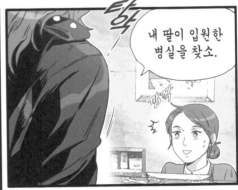

탁

내 딸이 입원한
병실을 찾소.

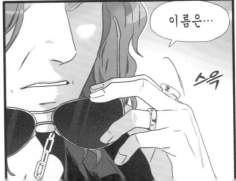

이름은…

스윽

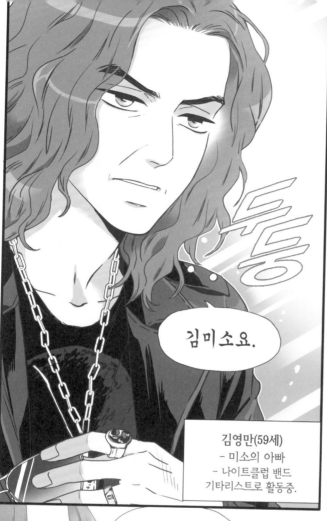

김미소요.

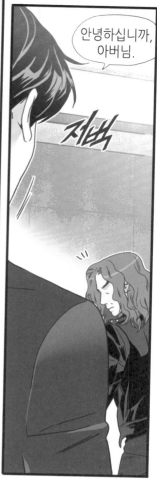

안녕하십니까,
아버님.

처음 뵙겠습니다.
이영준이라고 합니다.

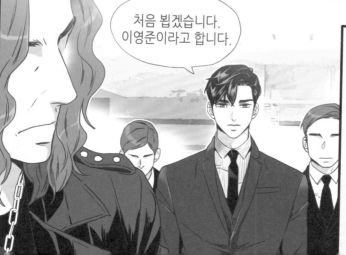

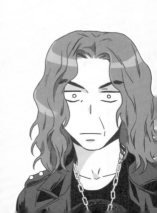

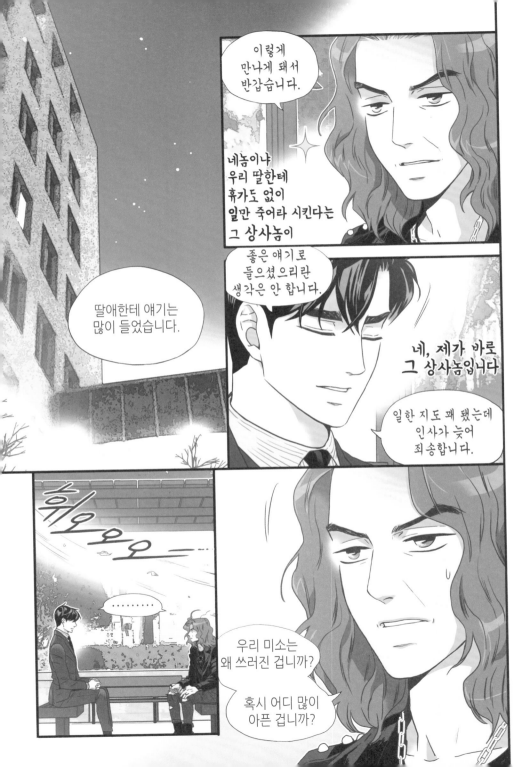

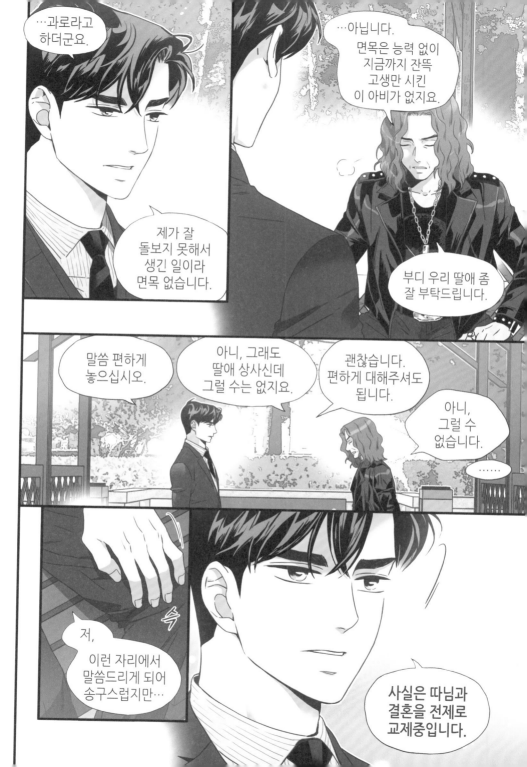

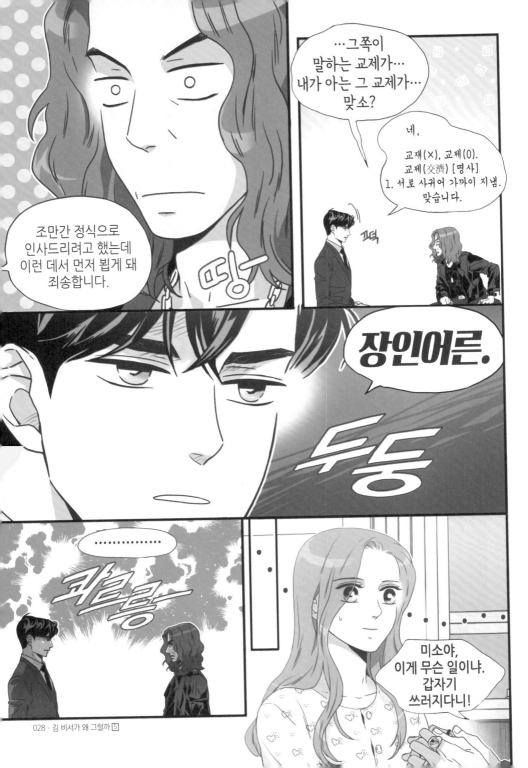

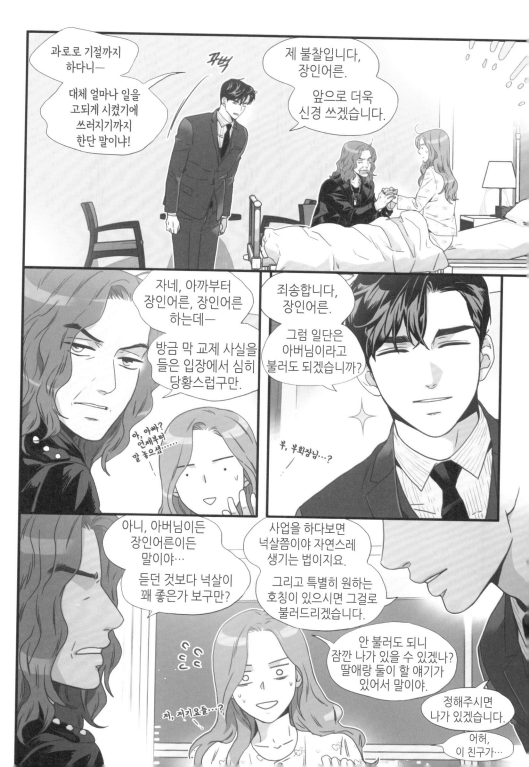

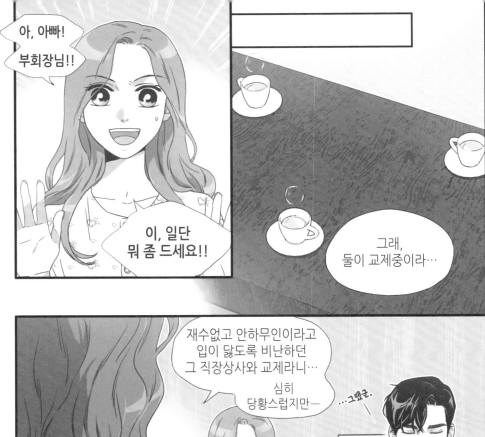

아, 아빠!
부회장님!!

이, 일단
뭐 좀 드세요!!

그래,
둘이 교제중이라…

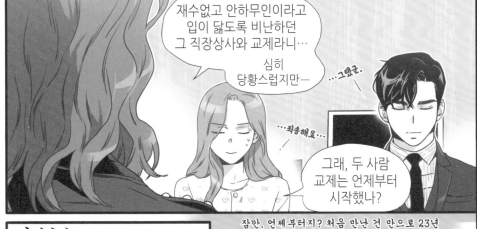

재수없고 안하무인이라고
입이 닳도록 비난하던
그 직장상사와 교제라니…

심히
당황스럽지만—

…그랬군.

…죄송해요…

그래, 두 사람
교제는 언제부터
시작했나?

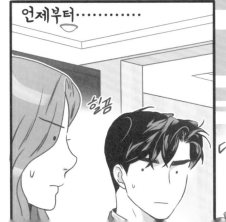

언제부터…………

힐끗

잠깐, 언제부터지? 처음 만난 건 만으로 23년
전인데 그때 이야기도 말씀을 드려야 하나?
아니면 일을 처음 시작한 9년 전이라고 해야 하나?
아니, 9년 전에도 그냥 같이 일을 시작한 것 뿐이고
그때도 그 이후로도 결국
사귀는 사이는 아니었잖아?
그럼 언제라고 해야 하지? 한 달 전?
아님 지난 주? 어라, 잠깐. 그러고보니
제대로 사귀자고 서로 말을 한 건 아니잖아?
아무도 정확하게 고백하거나
사귀자는 말을 안 했어. 언제부터지?
우린 언제부터 사귄 거지????

다다다다다다

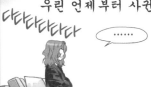

……

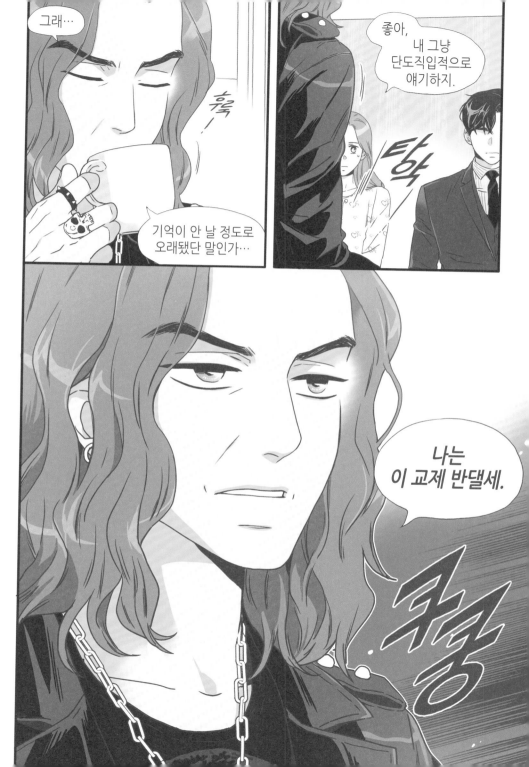

CHAPTER **65**

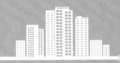

이 교제
반댈세.

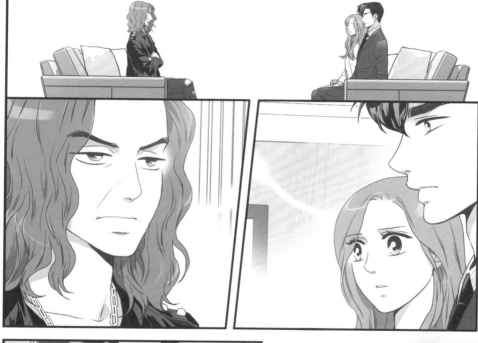

'반대.'

나,
이영준.

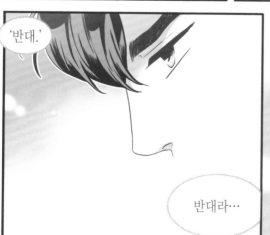

반대라…

늘 모든 이에게
인정받고,
찬양, 선망의 대상이
되었던 인생 33년.

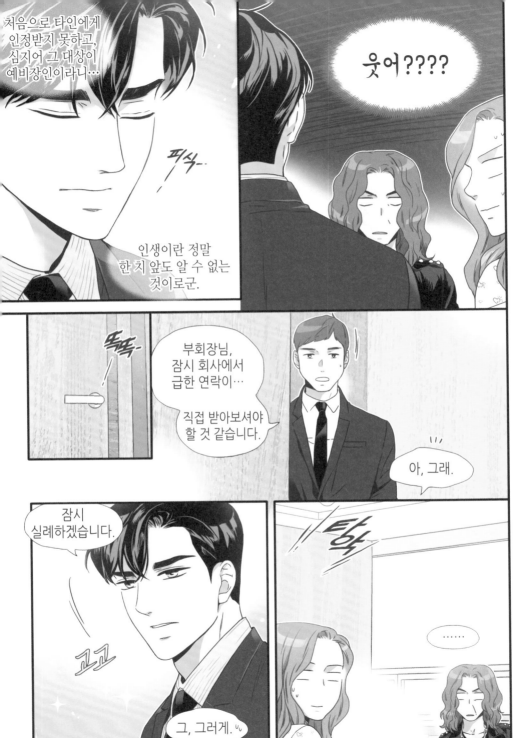

처음으로 타인에게
인정받지 못하고,
심지어 그 대상이
예비장인이라니…

인생이란 정말
한 치 앞도 알 수 없는
것이로군.

피식—

웃어????

똑똑—

부회장님,
잠시 회사에서
급한 연락이…

직접 받아보셔야
할 것 같습니다.

아, 그래.

잠시
실례하겠습니다.

탁

고고

그, 그러게.

……

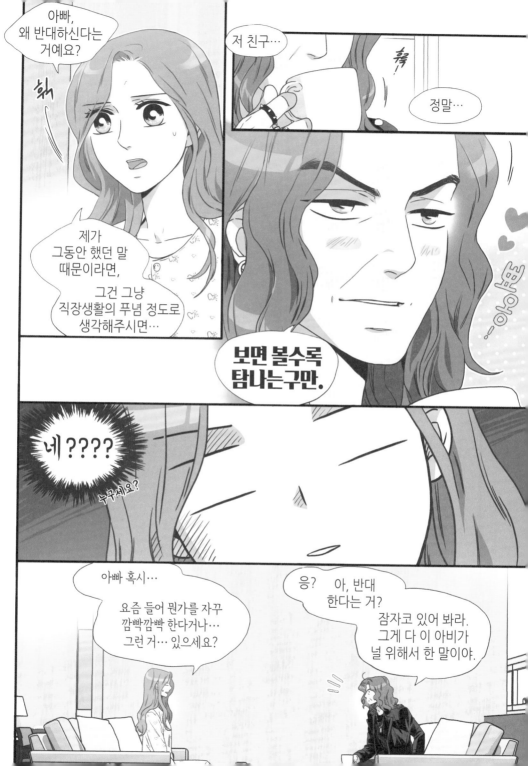

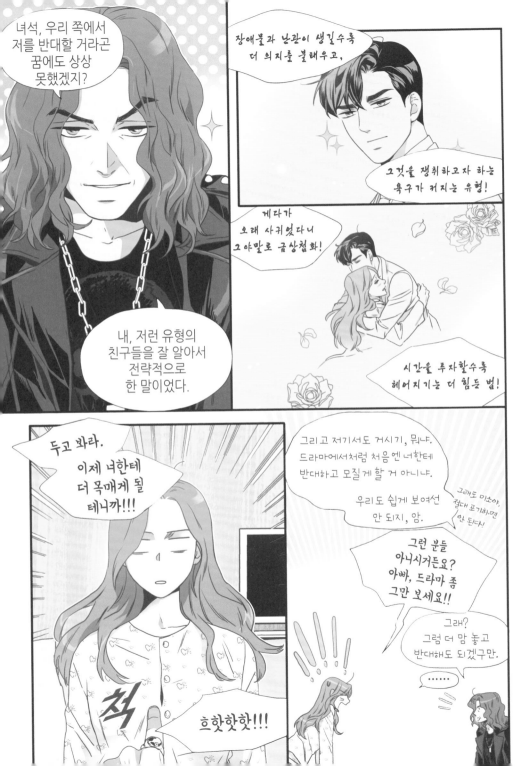

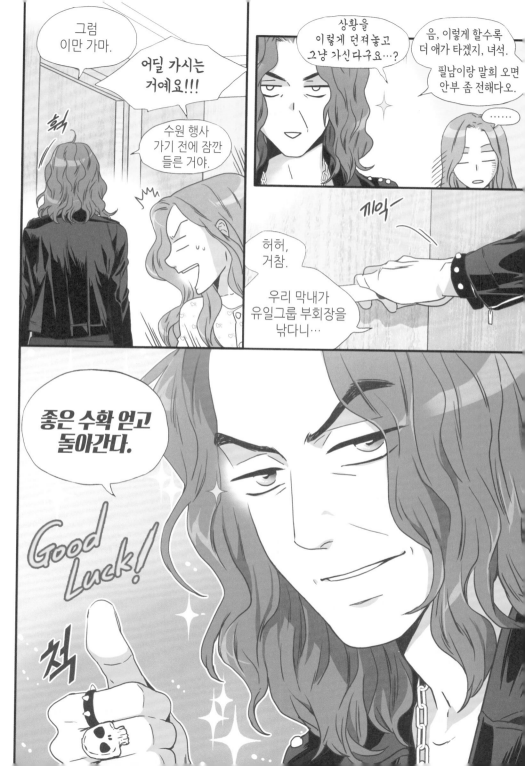

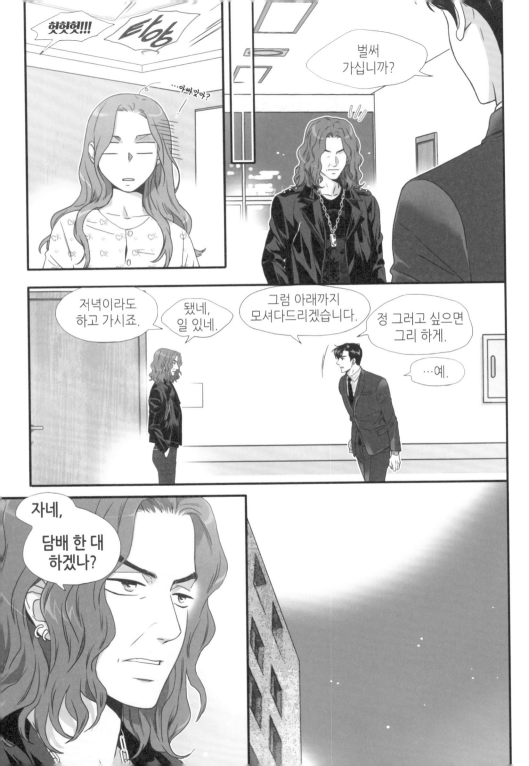

헛헛헛!!!

타앙

…아빠맞아?

벌써
가십니까?

저녁이라도
하고 가시죠.

됐네,
일 있네.

그럼 아래까지
모셔다드리겠습니다.

정 그러고 싶으면
그리 하게.

…예.

자네,
담배 한 대
하겠나?

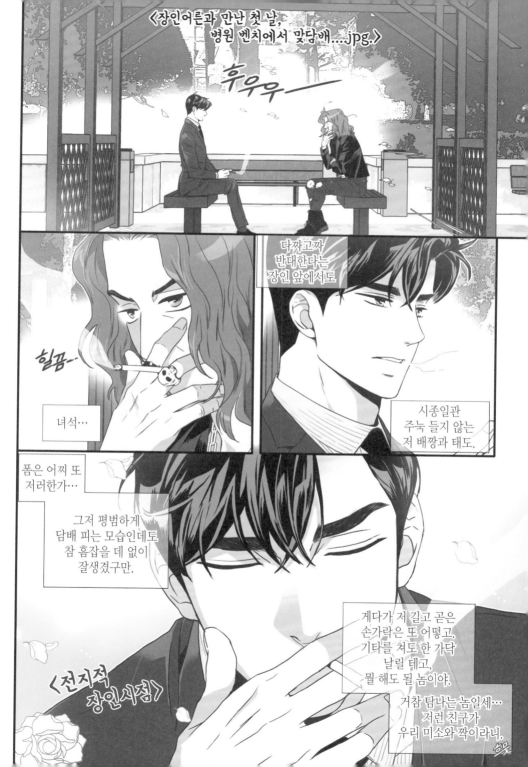

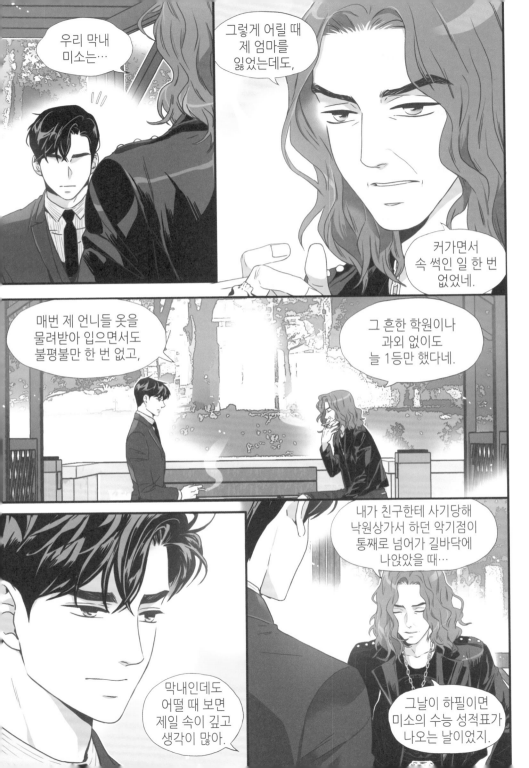

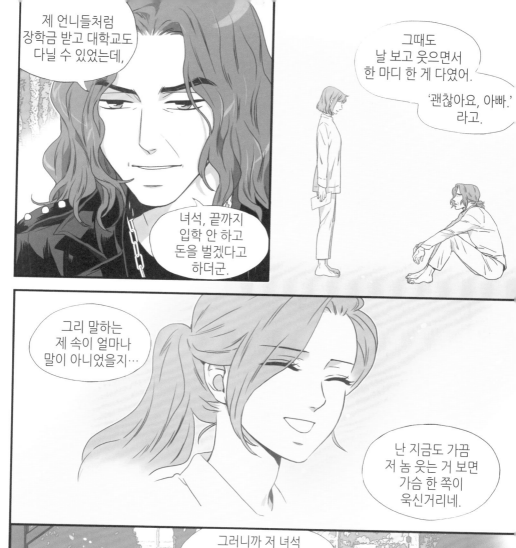

제 언니들처럼
장학금 받고 대학교도
다닐 수 있었는데,

그때도
날 보고 웃으면서
한 마디 한 게 다였어.

'괜찮아요, 아빠.'
라고.

녀석, 끝까지
입학 안 하고
돈을 벌겠다고
하더군.

그리 말하는
제 속이 얼마나
말이 아니었을지…

난 지금도 가끔
저 놈 웃는 거 보면
가슴 한 쪽이
욱신거리네.

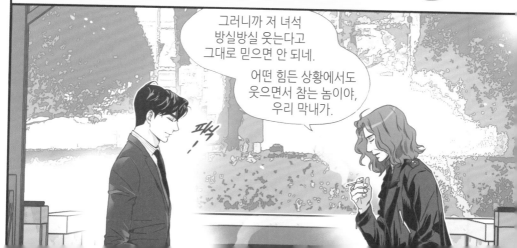

그러니까 저 녀석
방실방실 웃는다고
그대로 믿으면 안 되네.

어떤 힘든 상황에서도
웃으면서 참는 놈이야,
우리 막내가.

파식
!

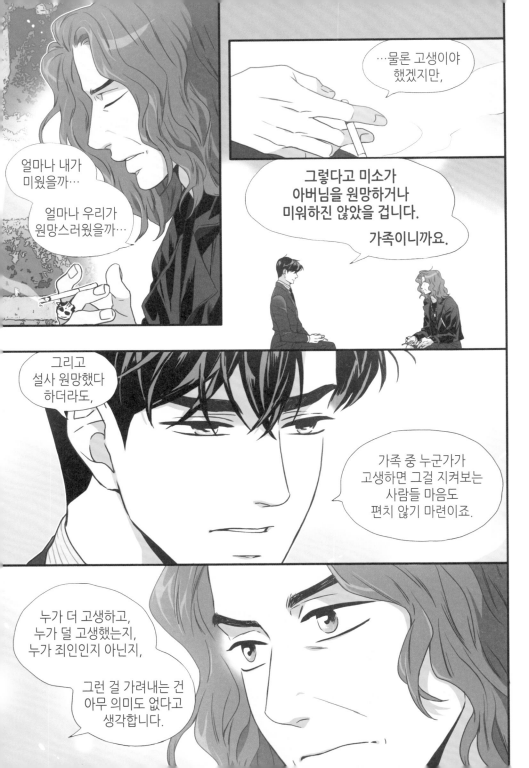

…물론 고생이야
했겠지만,

얼마나 내가
미웠을까…

얼마나 우리가
원망스러웠을까…

그렇다고 미소가
아버님을 원망하거나
미워하진 않았을 겁니다.

가족이니까요.

그리고
설사 원망했다
하더라도,

가족 중 누군가가
고생하면 그걸 지켜보는
사람들 마음도
편치 않기 마련이죠.

누가 더 고생하고,
누가 덜 고생했는지,
누가 죄인인지 아닌지,

그런 걸 가려내는 건
아무 의미도 없다고
생각합니다.

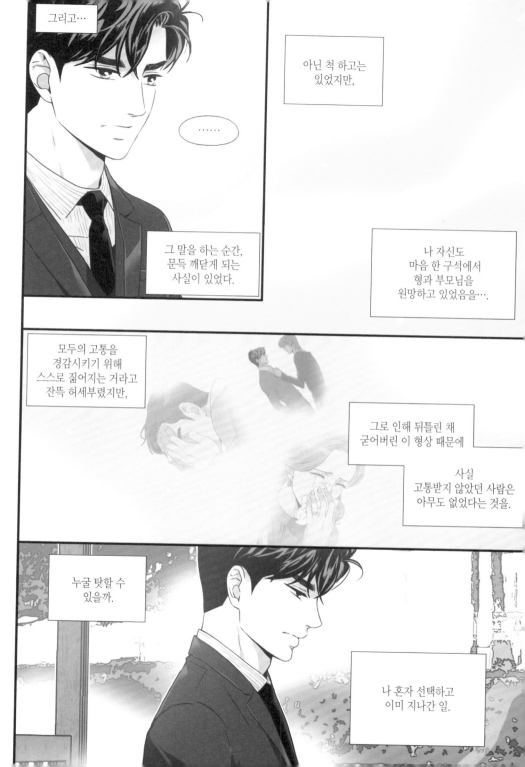

그리고…

……

아닌 척 하고는
있었지만,

그 말을 하는 순간,
문득 깨닫게 되는
사실이 있었다.

나 자신도
마음 한 구석에서
형과 부모님을
원망하고 있었음을….

모두의 고통을
경감시키기 위해
스스로 짊어지는 거라고
잔뜩 허세부렸지만,

그로 인해 뒤틀린 채
굳어버린 이 형상 때문에

사실
고통받지 않았던 사람은
아무도 없었다는 것을.

누굴 탓할 수
있을까.

나 혼자 선택하고
이미 지나간 일.

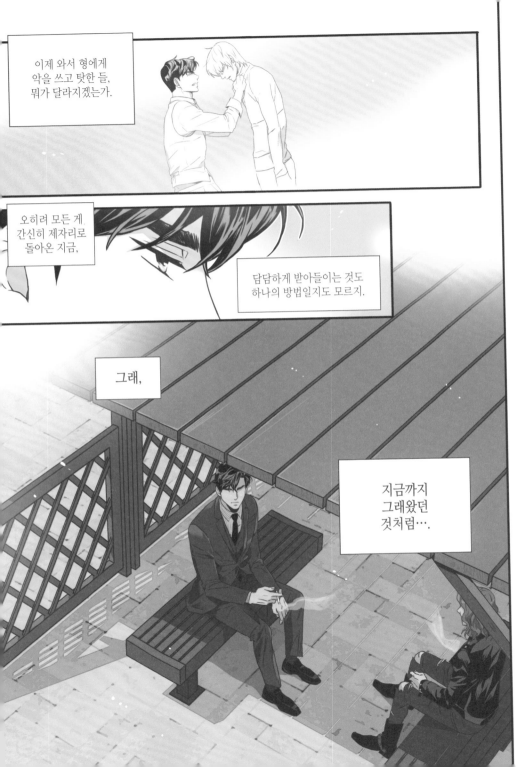

이제 와서 형에게
악을 쓰고 탓한 들,
뭐가 달라지겠는가.

오히려 모든 게
간신히 제자리로
돌아온 지금,

담담하게 받아들이는 것도
하나의 방법일지도 모르지.

그래,

지금까지
그래왔던
것처럼….

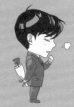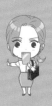

김 비서가 5
왜 그럴까

CHAPTER 66

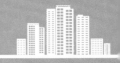

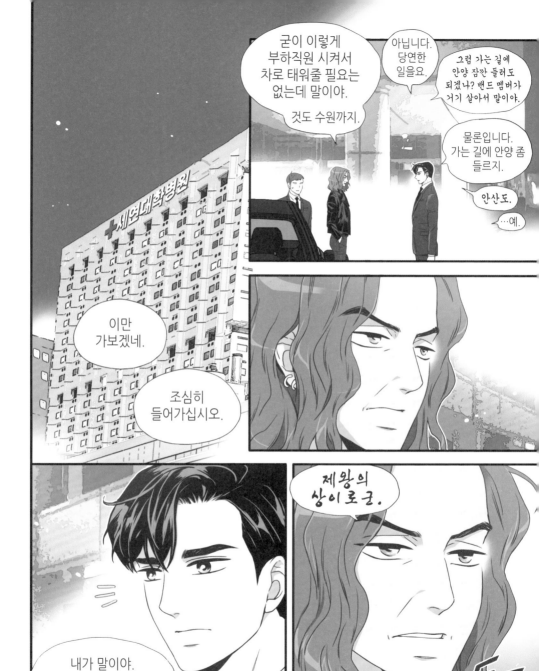

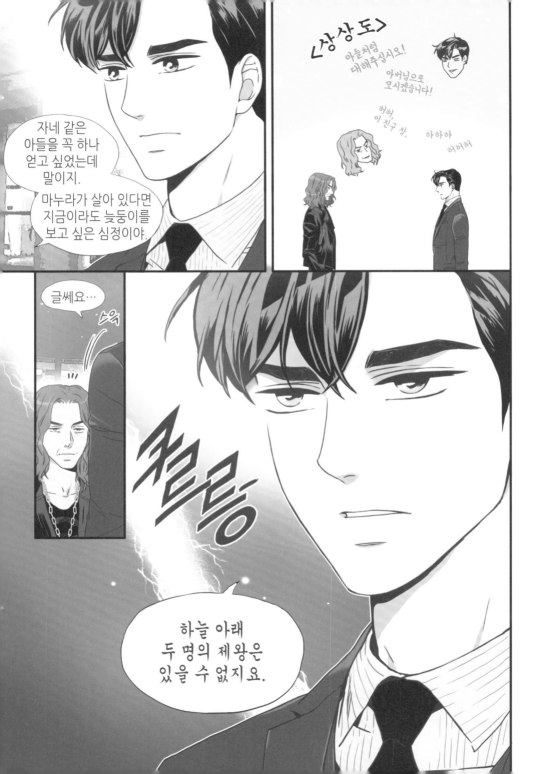

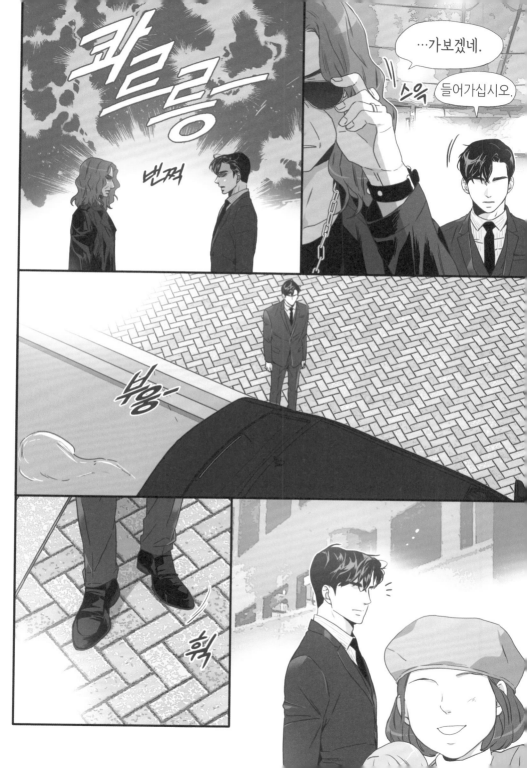

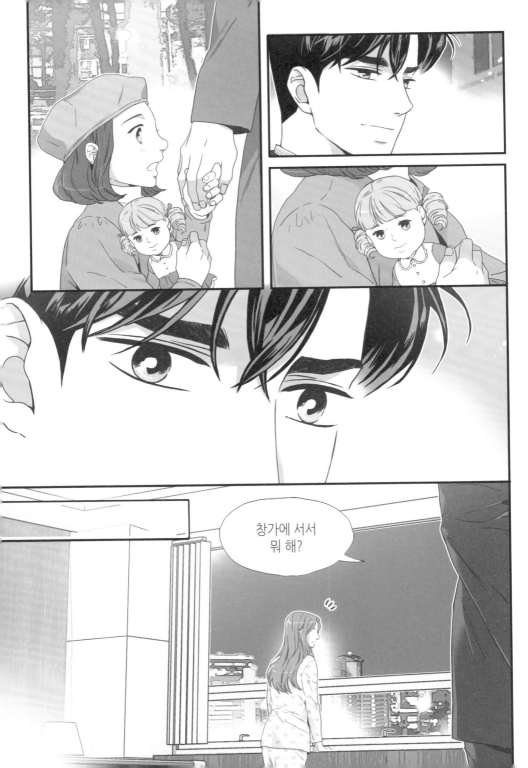

창가에 서서
뭐 해?

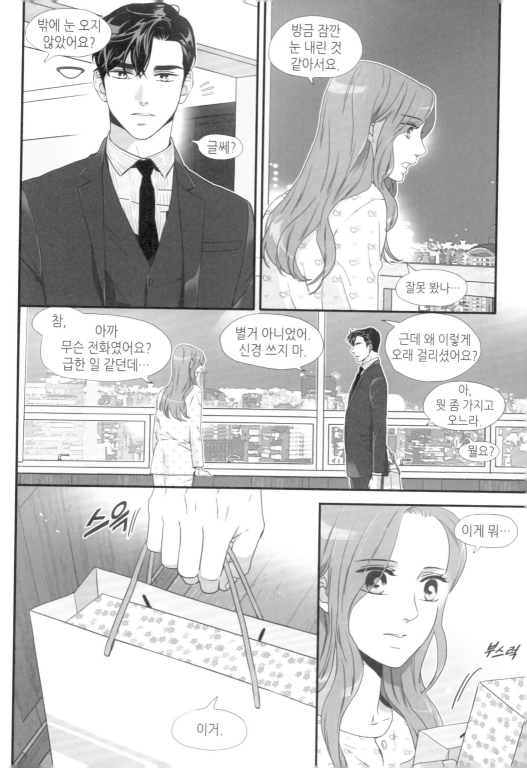

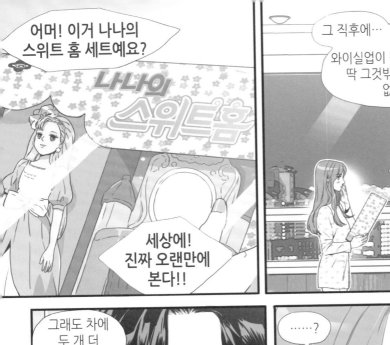

어머! 이거 나나의 스위트 홈 세트예요?

나나의 스위트홈

세상에! 진짜 오랜만에 본다!!

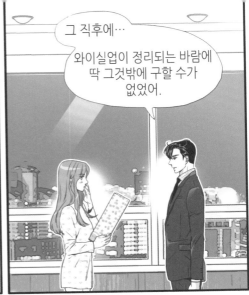

그 직후에…

와이실업이 정리되는 바람에 딱 그것밖에 구할 수가 없었어.

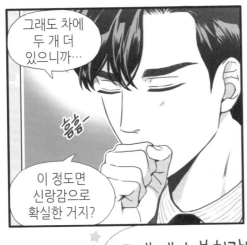

그래도 차에 두 개 더 있으니까…

흠흠—

이 정도면 신랑감으로 확실한 거지?

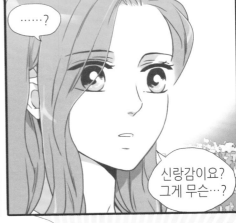

……?

신랑감이요? 그게 무슨…?

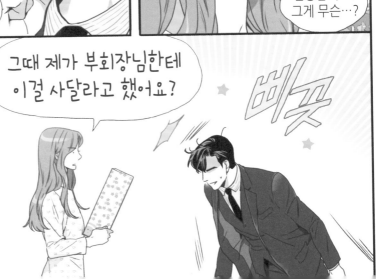

그때 제가 부회장님한테 이걸 사달라고 했어요?

삐끗

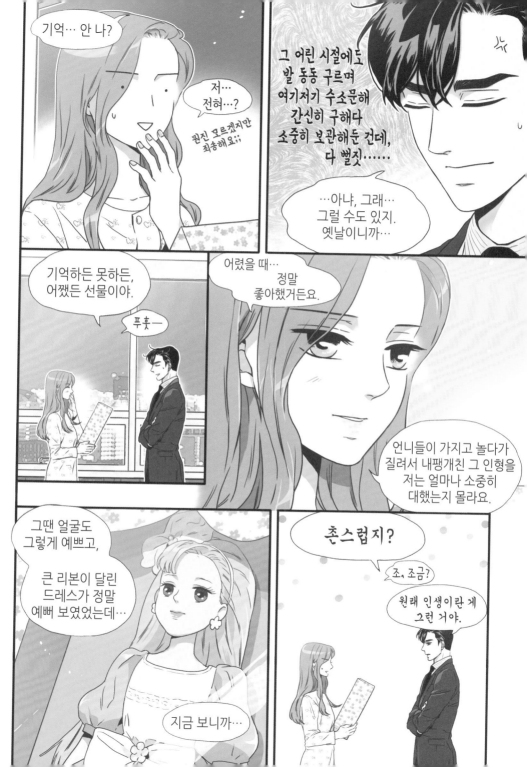

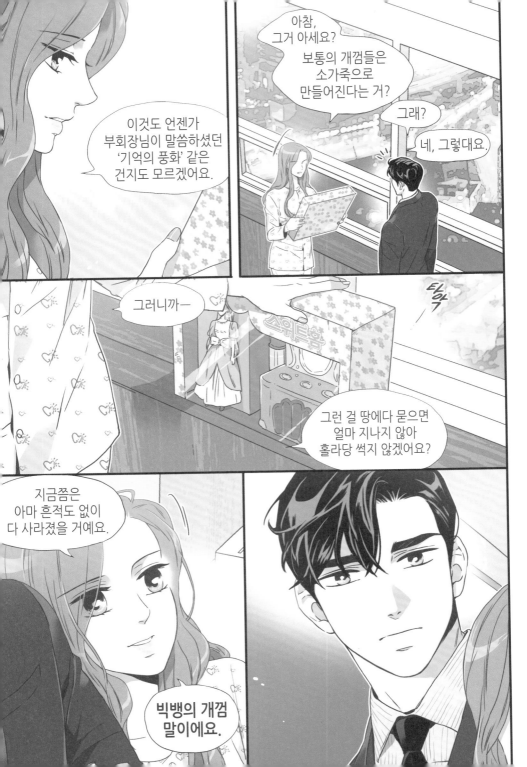

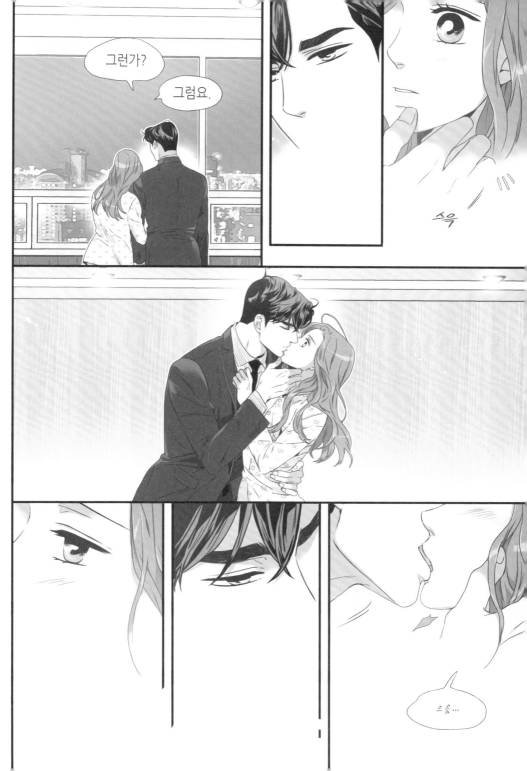

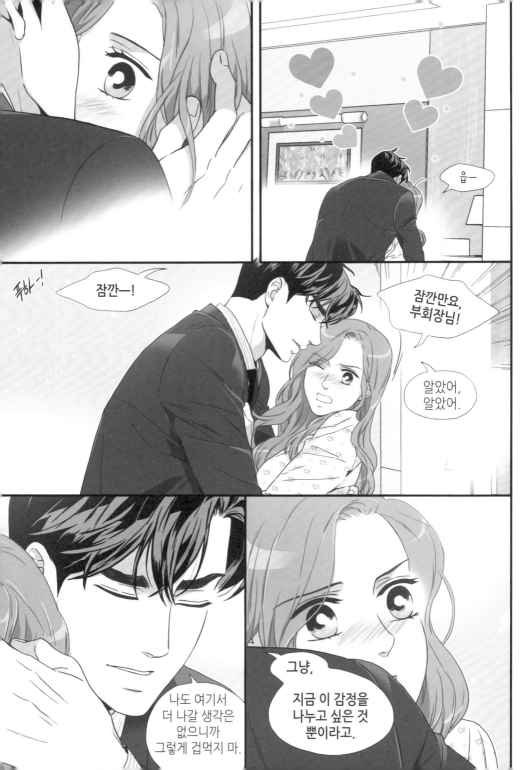

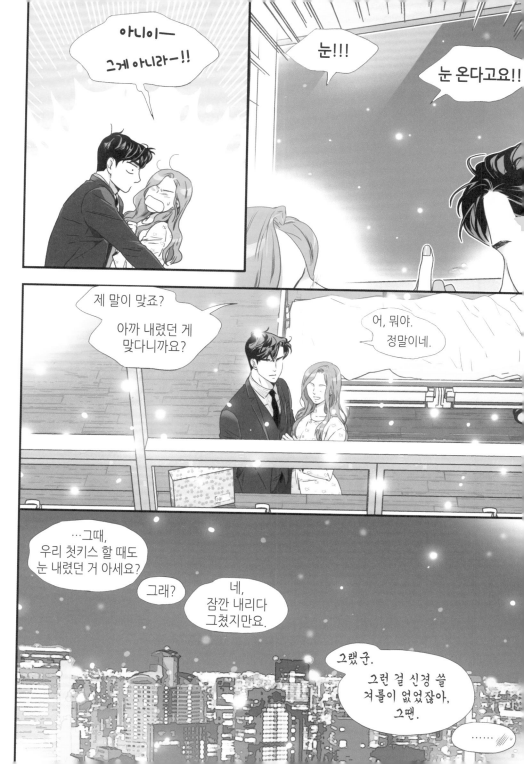

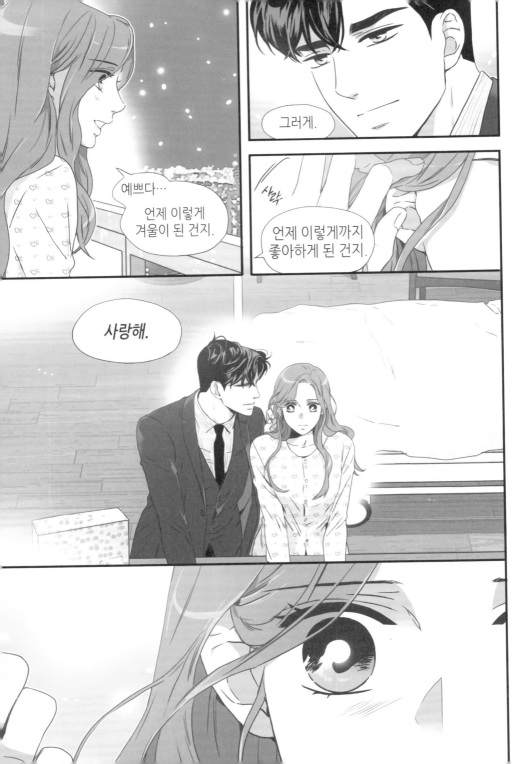

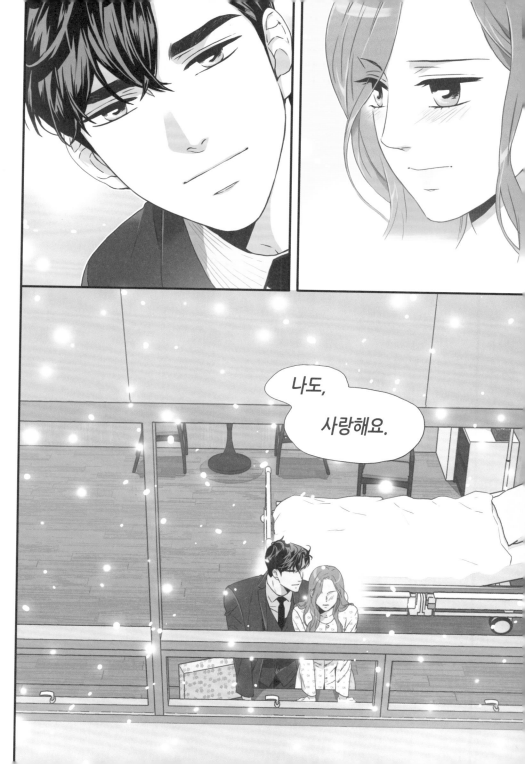

CHAPTER 67

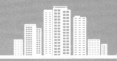

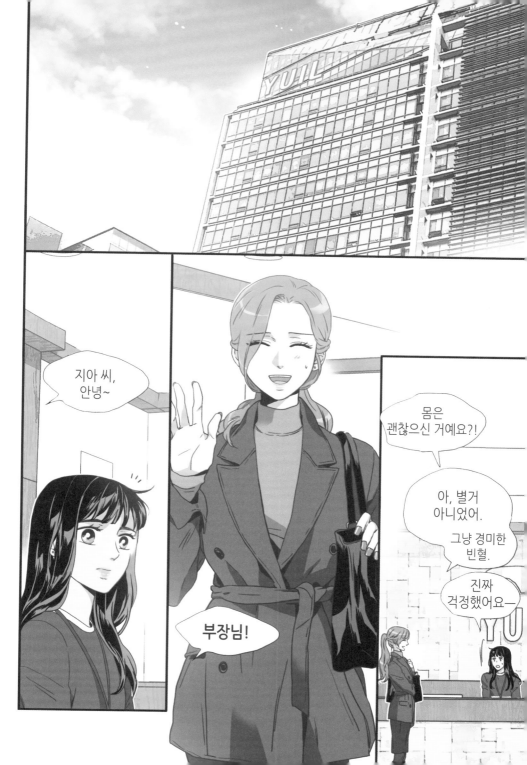

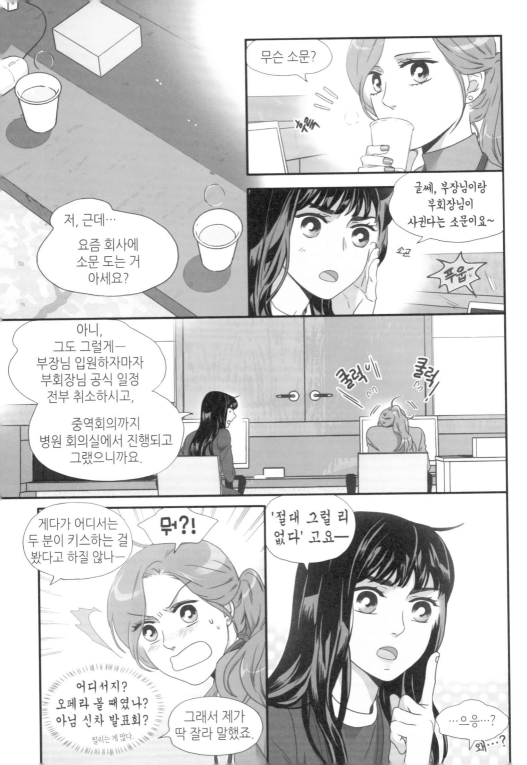

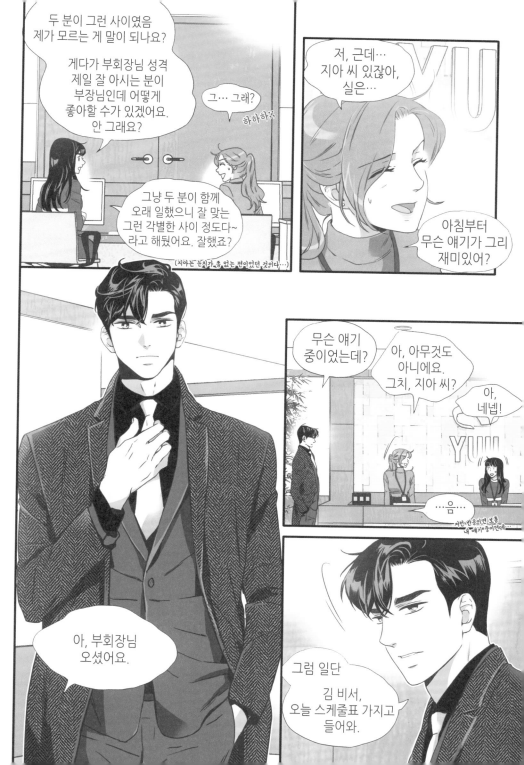

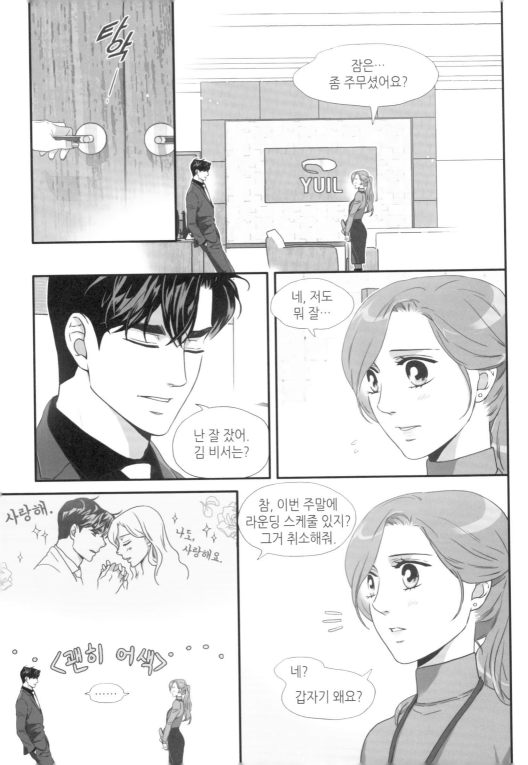

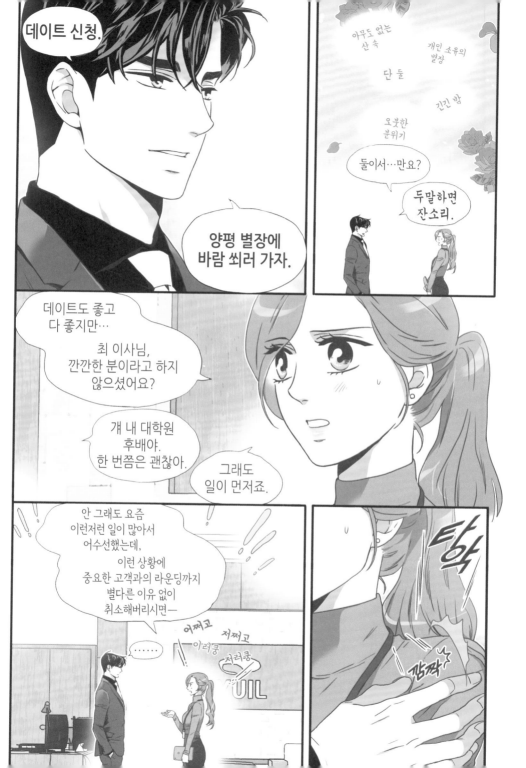

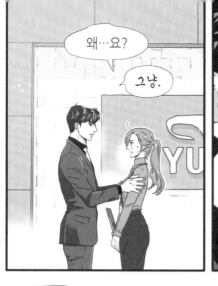

왜…요?

그냥.

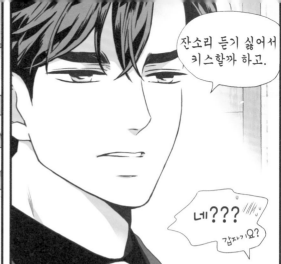

잔소리 듣기 싫어서
키스할까 하고.

네???

갑자기요?

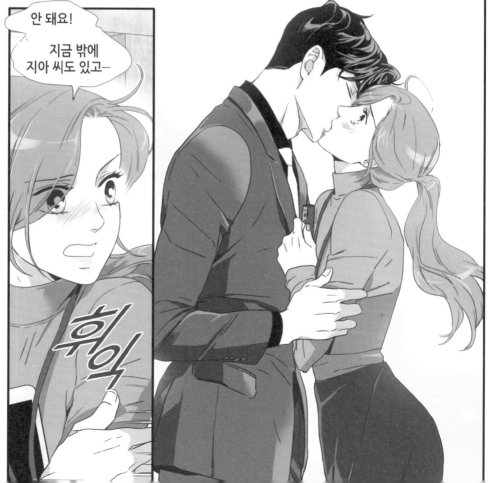

안 돼요!

지금 밖에
지아 씨도 있고ㅡ

휙

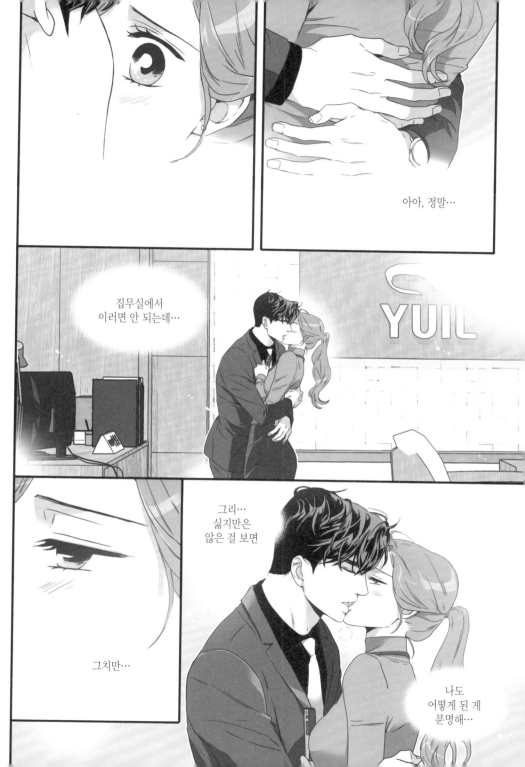

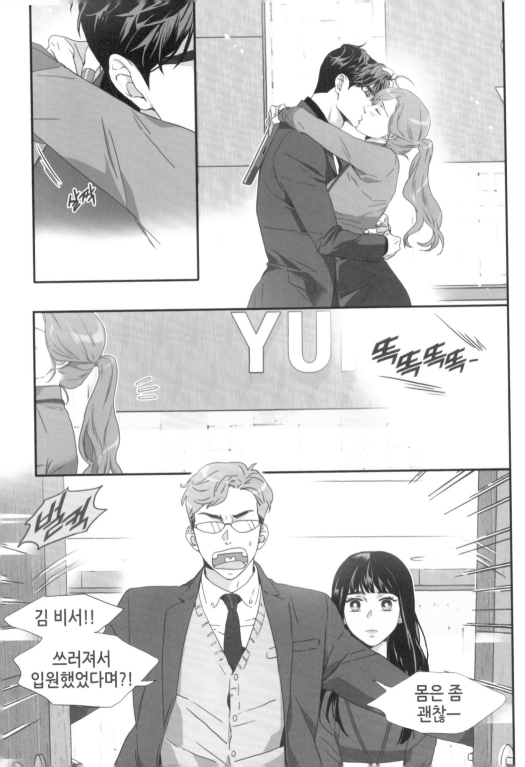

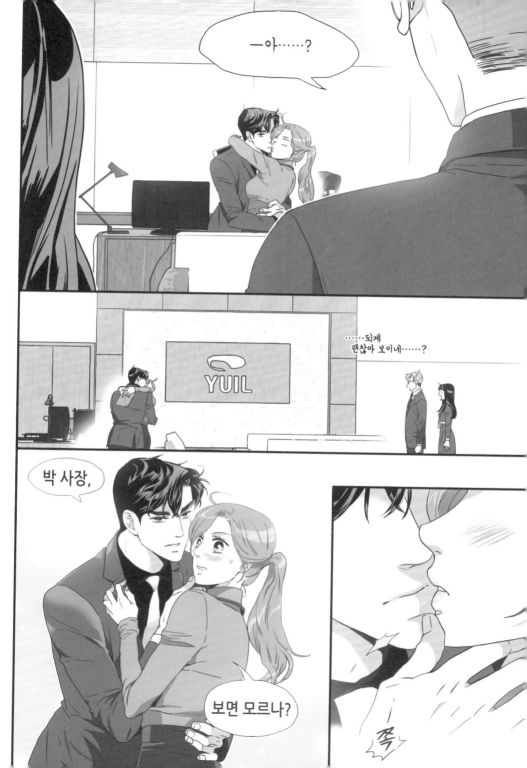

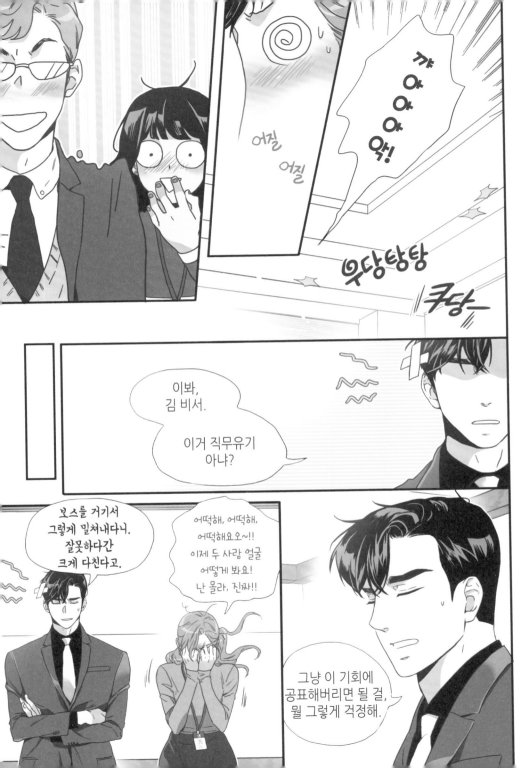

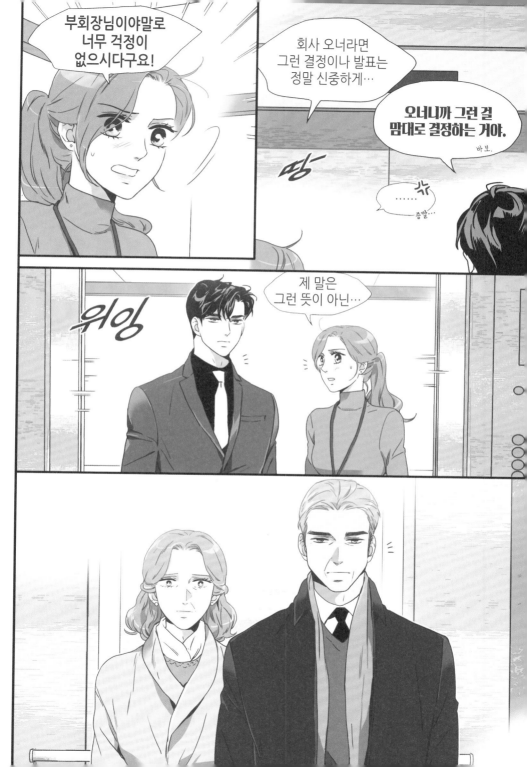

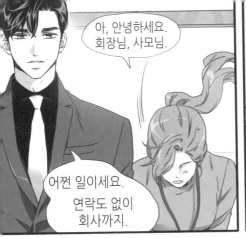

아, 안녕하세요.
회장님, 사모님.

어쩐 일이세요.
연락도 없이
회사까지.

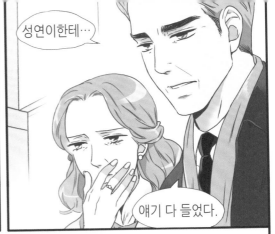

성연이한테…

얘기 다 들었다.

잠깐…
얘기 좀 할 수
있겠니?

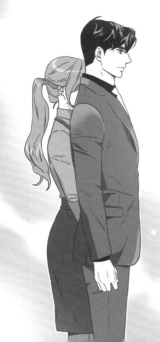

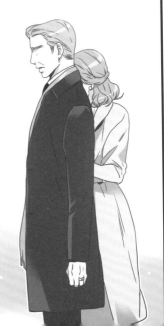

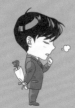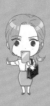

김 비서가 5
왜 그럴까

CHAPTER 68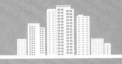

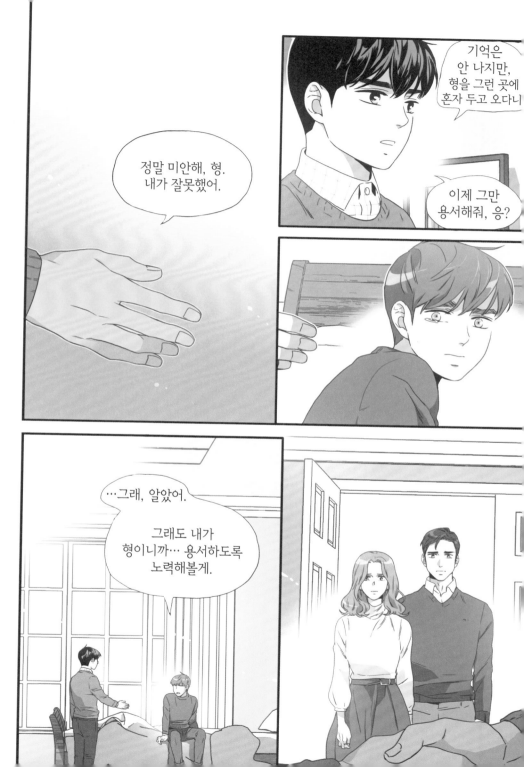

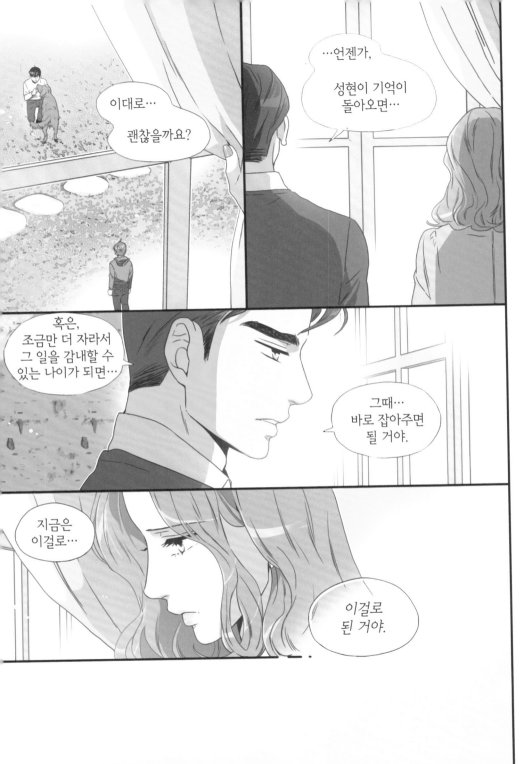

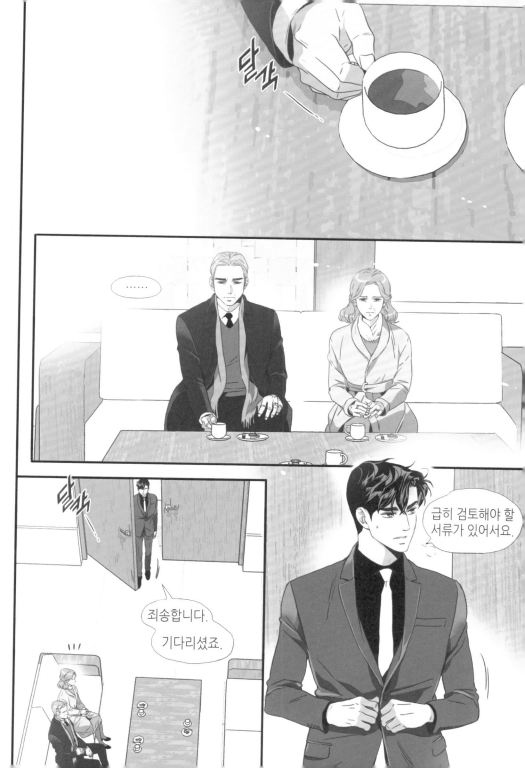

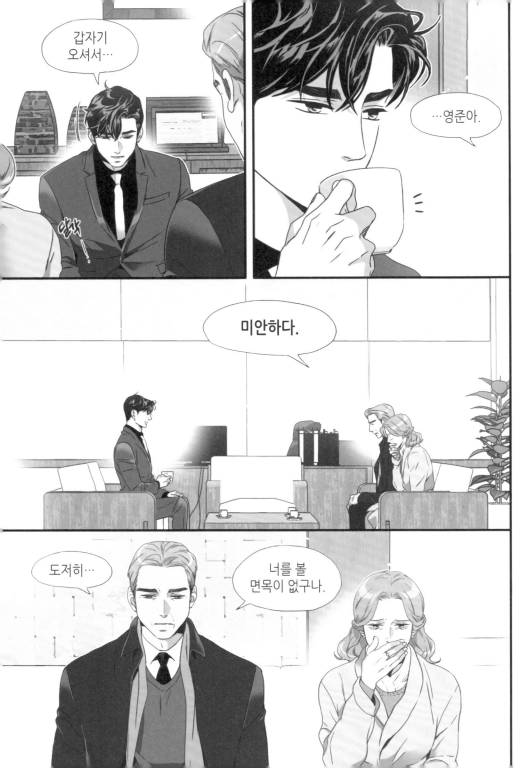

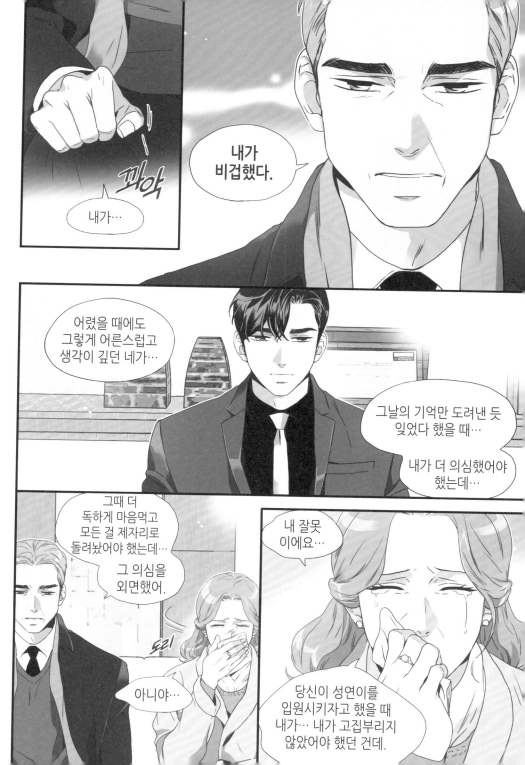

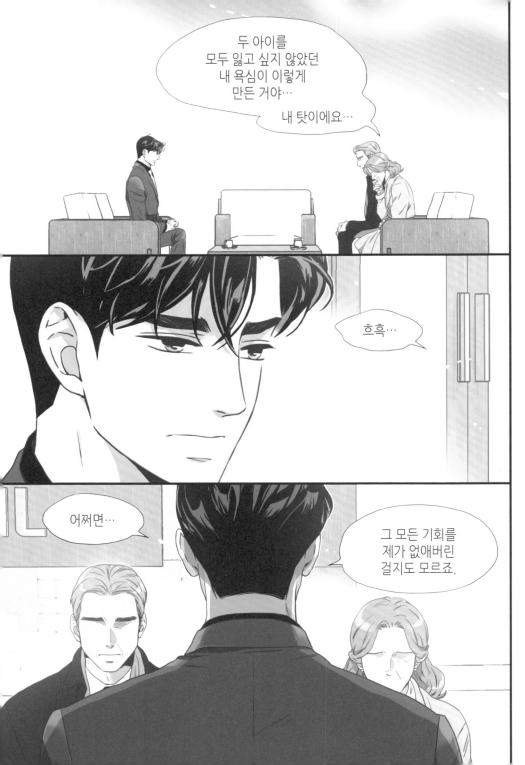

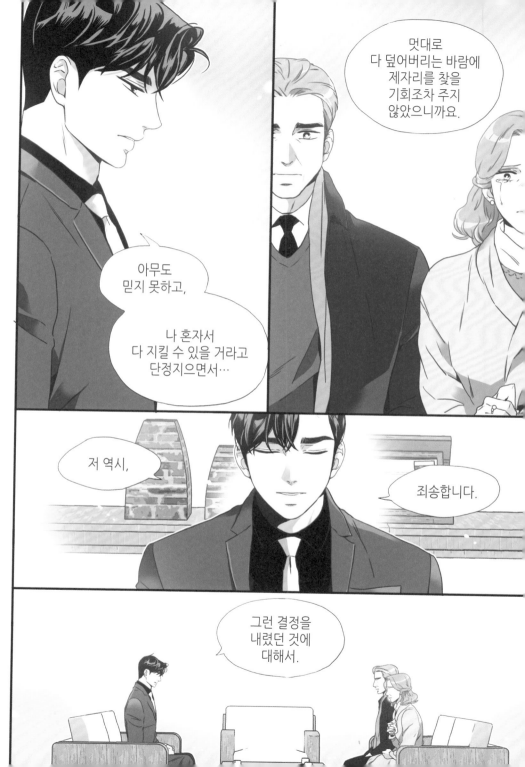

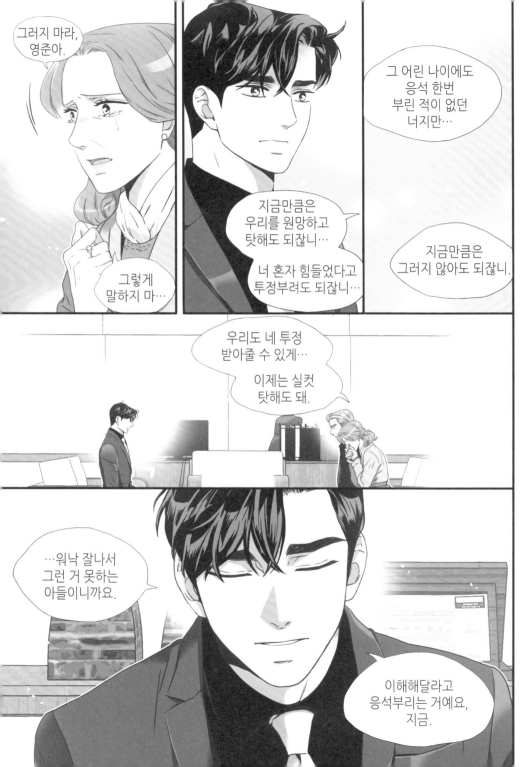

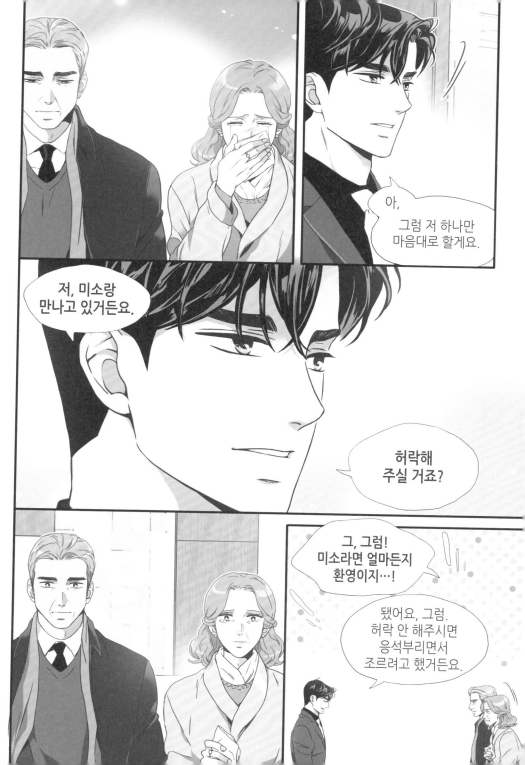

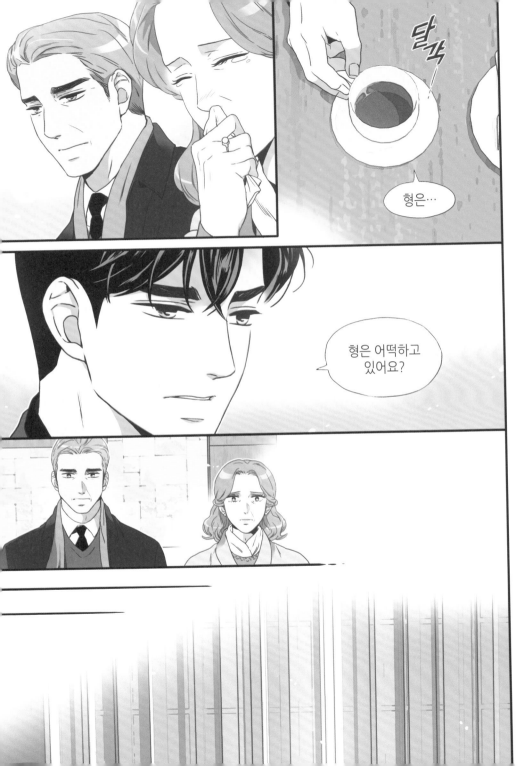

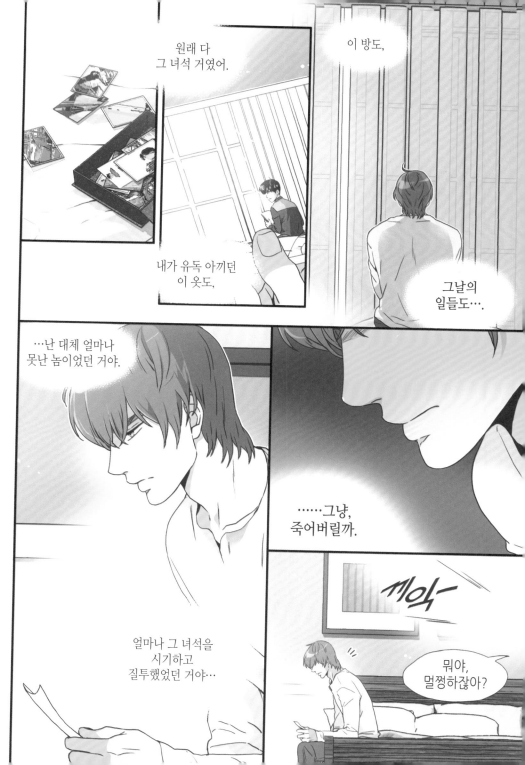

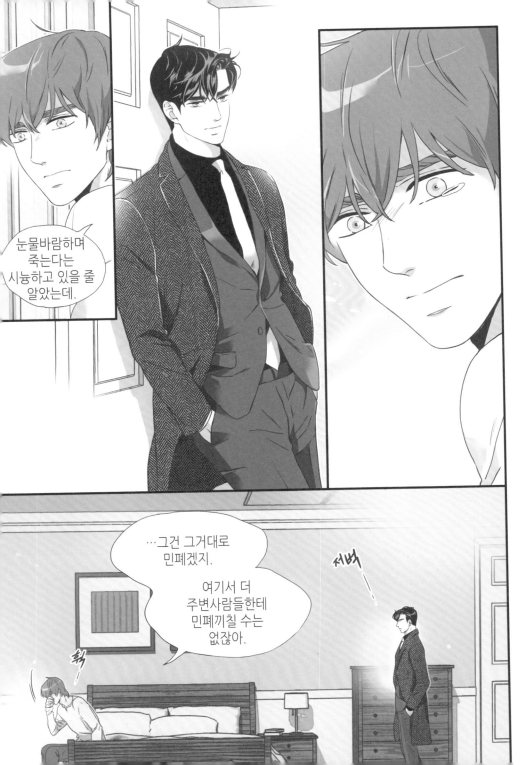

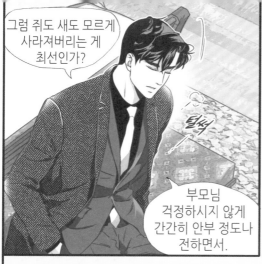

그럼 쥐도 새도 모르게 사라져버리는 게 최선인가?

부모님 걱정하시지 않게 간간히 안부 정도나 전하면서.

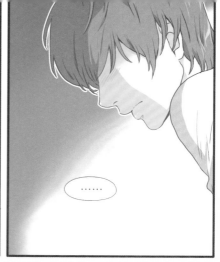

......

너무 그렇게 쫄지 마.

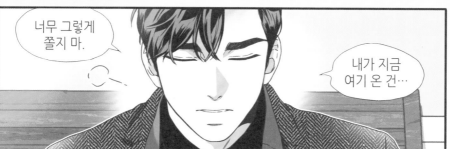

내가 지금 여기 온 건…

형한테 사과하기 위해서니까.

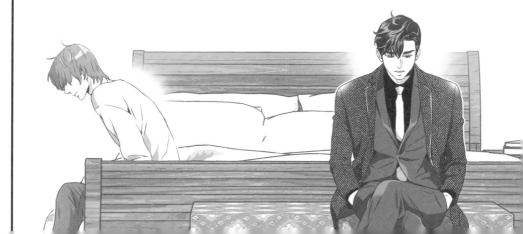

CHAPTER 69

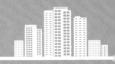

내가
찾아온 이유는,

형한테 사과하기
위해서니까.

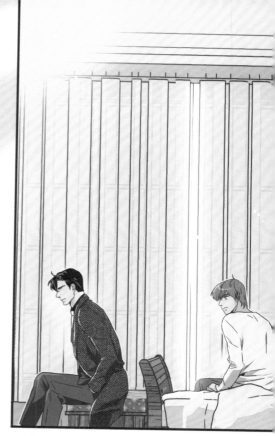

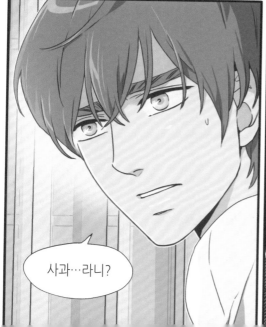

사과…라니?

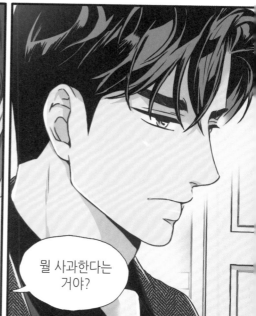

뭘 사과한다는
거야?

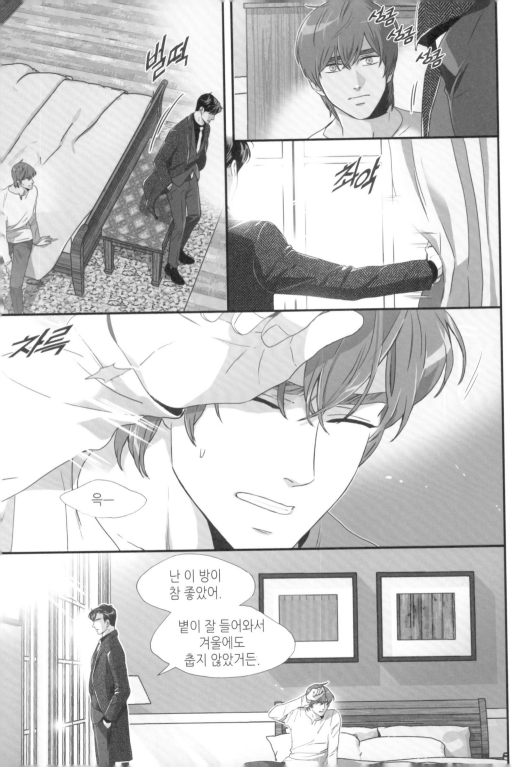

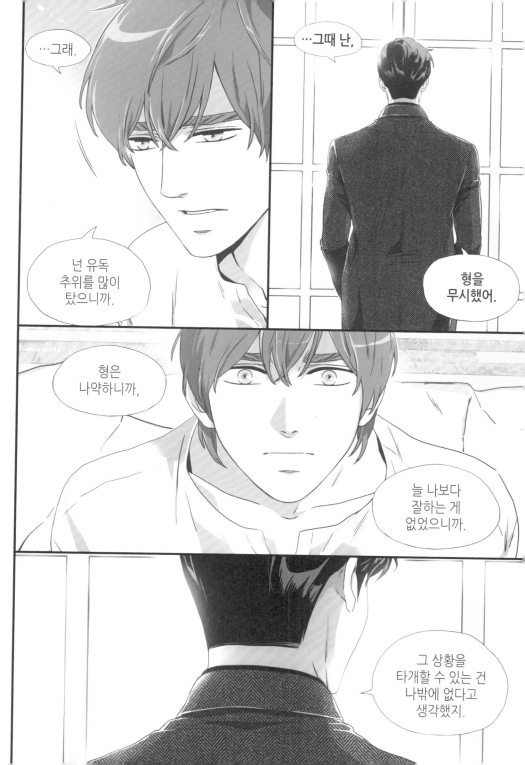

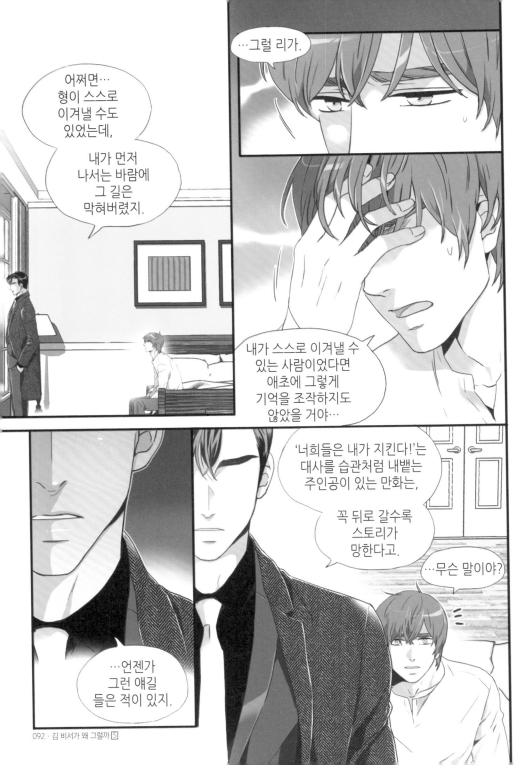

…그럴 리가.

어쩌면…
형이 스스로
이겨낼 수도
있었는데,

내가 먼저
나서는 바람에
그 길은
막혀버렸지.

내가 스스로 이겨낼 수
있는 사람이었다면
애초에 그렇게
기억을 조작하지도
않았을 거야…

'너희들은 내가 지킨다!'는
대사를 습관처럼 내뱉는
주인공이 있는 만화는,

꼭 뒤로 갈수록
스토리가
망한다고.

…무슨 말이야?

…언젠가
그런 얘길
들은 적이 있지.

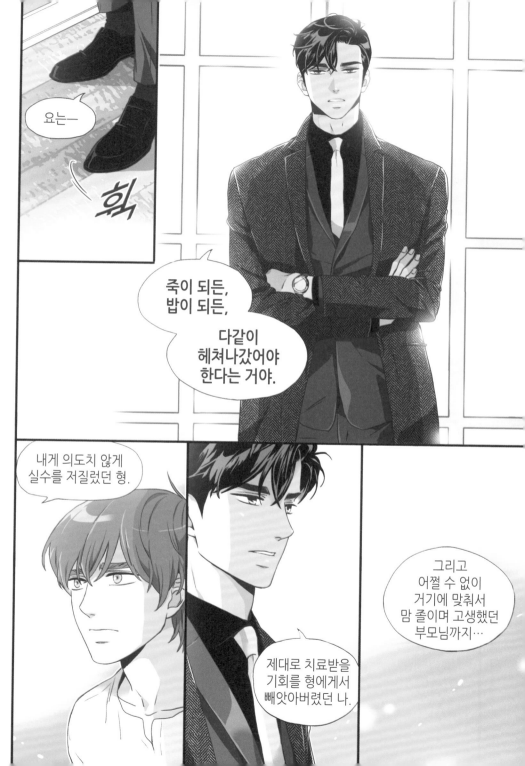

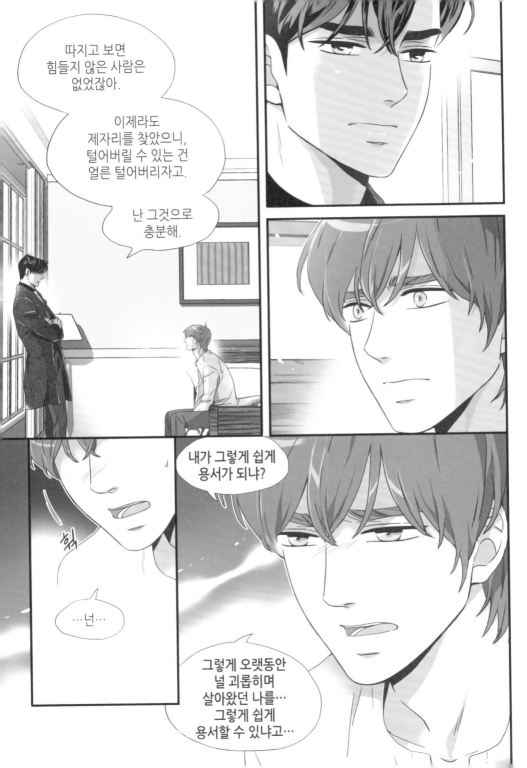

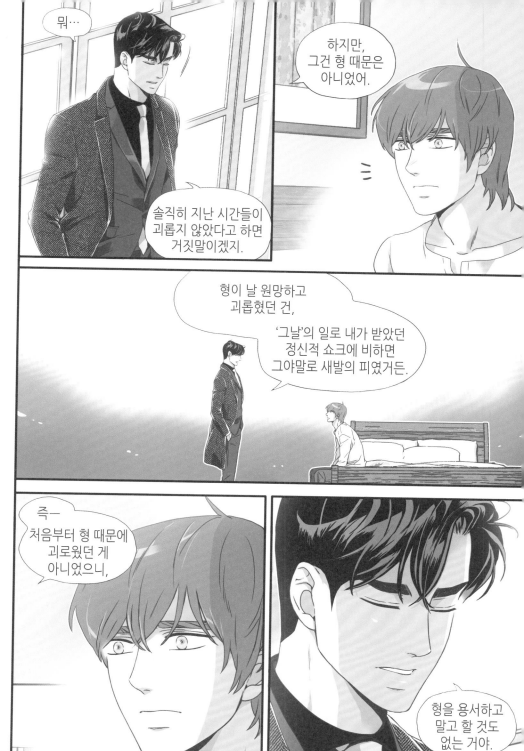

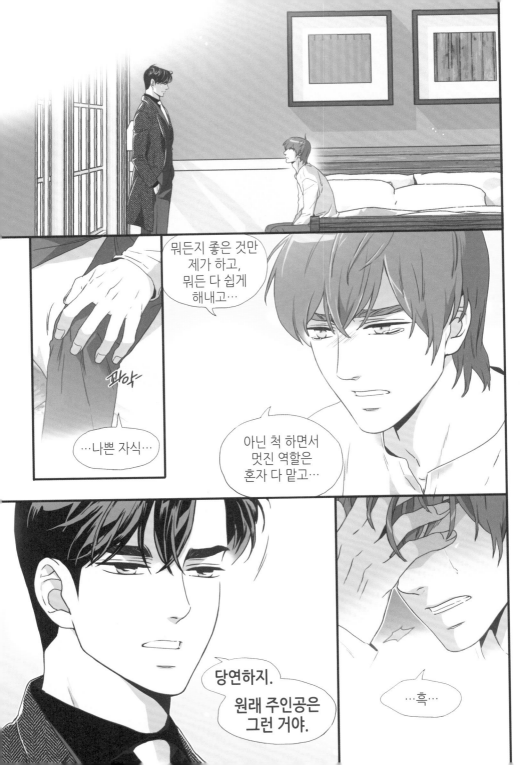

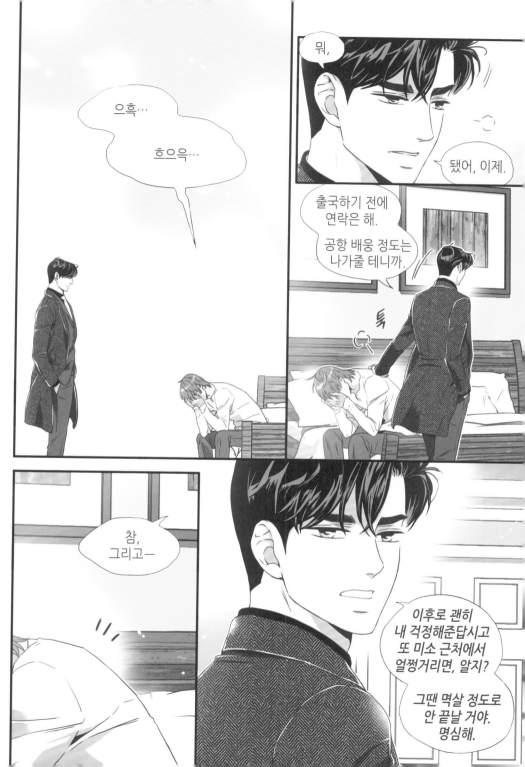

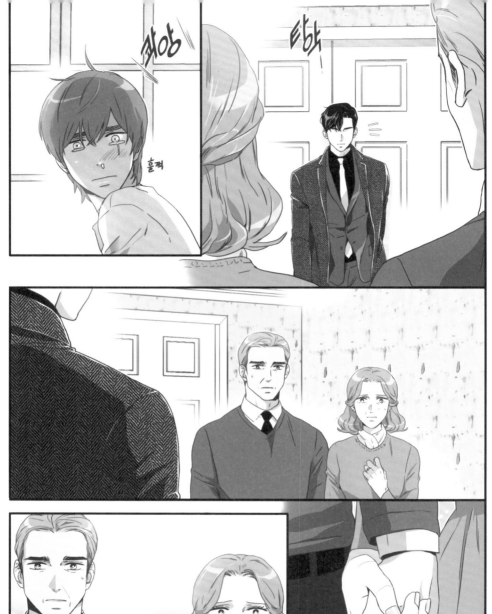

퍼앙

타악

훌쩍

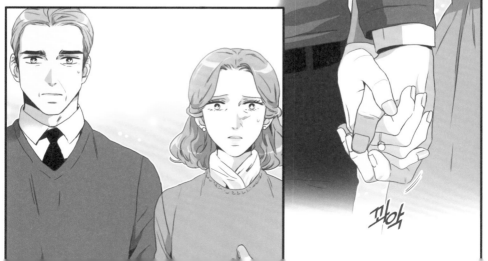

꾸악

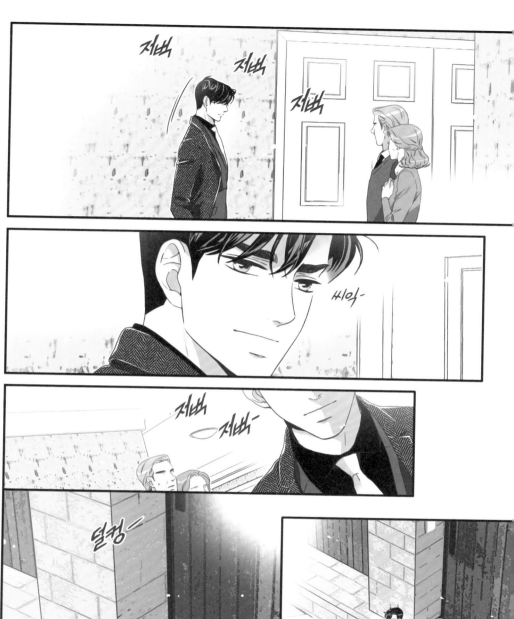
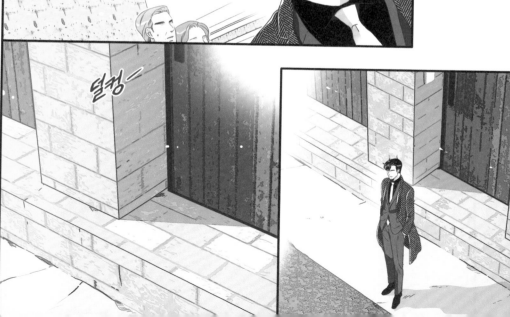

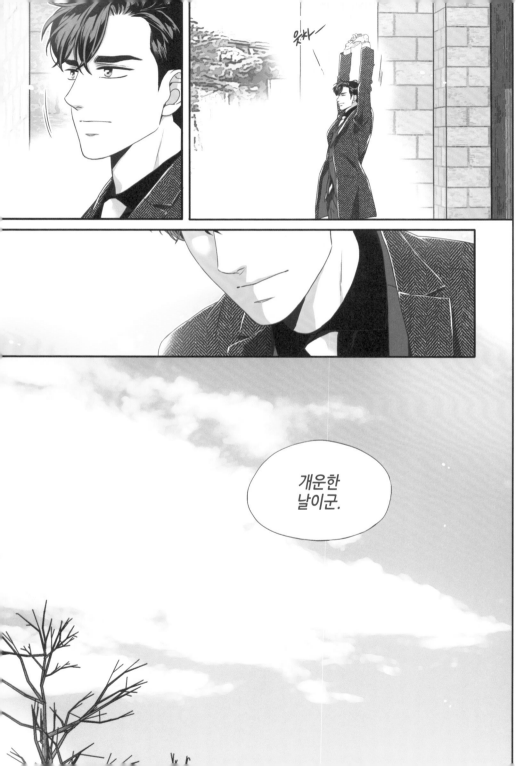

웃차

개운한
날이군.

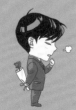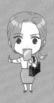

김 비서가 **5**
왜 그럴까

CHAPTER 70

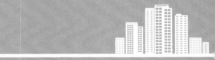

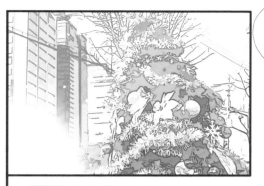

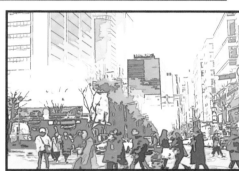

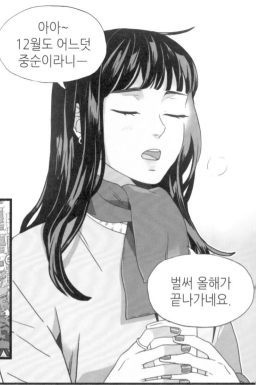

아아~
12월도 어느덧
중순이라니—

벌써 올해가
끝나가네요.

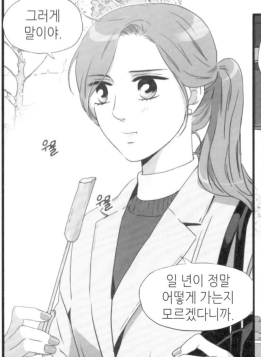

그러게
말이야.

우물

우물

일 년이 정말
어떻게 가는지
모르겠다니까.

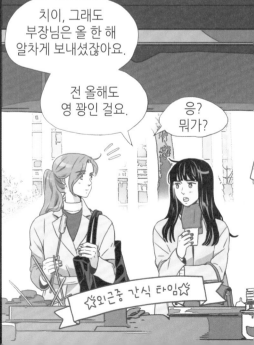

치이, 그래도
부장님은 올 한 해
알차게 보내셨잖아요.

전 올해도
영 꽝인 걸요.

응?
뭐가?

☆외근중 간식 타임☆

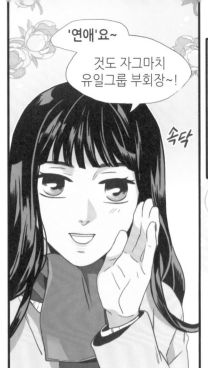

'연애'요~

것도 자그마치
유일그룹 부회장~!

속닥

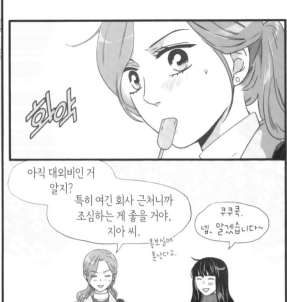

화악

아직 대외비인 거
알지?

특히 여긴 회사 근처니까
조심하는 게 좋을 거야,
지아 씨.

롱보실에
혼난다고.

쿠쿠쿡.
넵, 알겠습니다~

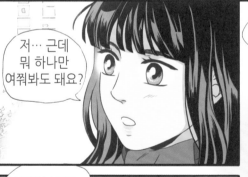

저… 근데
뭐 하나만
여쭤봐도 돼요?

아니, 왠지~
부회장님은 연애에
푹 빠질 스타일은
아닌 것 같아서요.

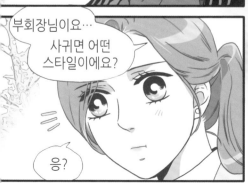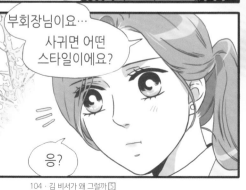

부회장님이요…
사귀면 어떤
스타일이에요?

응?

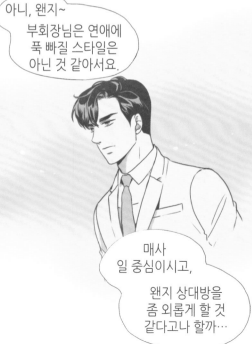

매사
일 중심이시고,

왠지 상대방을
좀 외롭게 할 것
같다고나 할까…

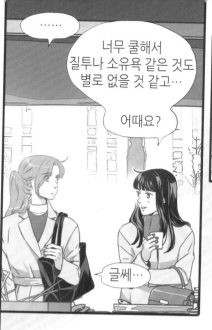

……

너무 쿨해서
질투나 소유욕 같은 것도
별로 없을 것 같고…

어때요?

글쎄…

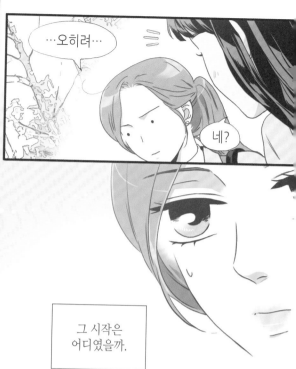

…오히려…

네?

그 시작은
어디였을까.

그래, 아마도
병원에 입원해 있던
그때가 아니었을까.

이왕 좋은 데
입원한 김에
맘 편히
며칠 쉬는 건
어때?

오랜만에 등장
미소의 큰언니
필남(33)

너 그동안
너무 일만 하면서
살았잖아.

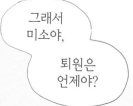

그래서
미소야,

퇴원은
언제야?

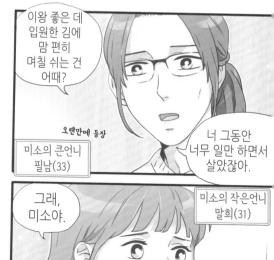

그래,
미소야.

미소의 작은언니
말희(31)

몸은 정말
이상 없고?

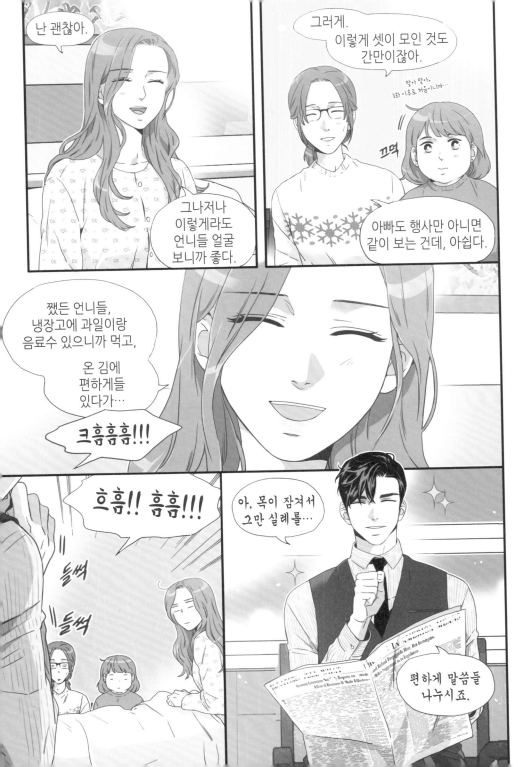

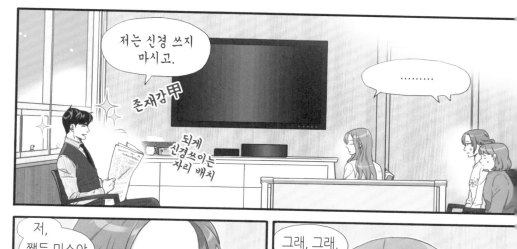

저는 신경 쓰지 마시고.

존재감甲

되게 신경쓰이는 자리 배치

....

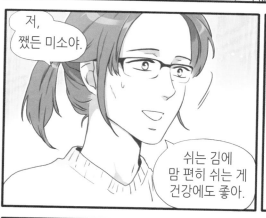

저, 쨌든 미소야.

쉬는 김에 맘 편히 쉬는 게 건강에도 좋아.

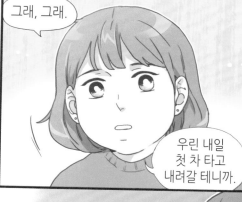

그래, 그래.

우린 내일 첫 차 타고 내려갈 테니까.

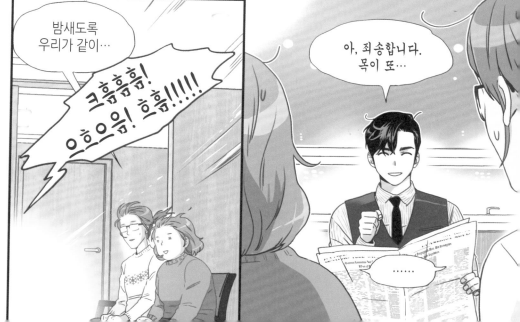

밤새도록 우리가 같이…

크흠흠흠! 으흐으음! 흐흠!!!!!

아, 죄송합니다. 목이 또…

......

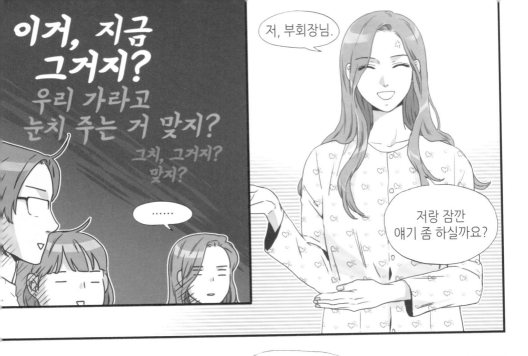

이거, 지금
그거지?

우리 가라고
눈치 주는 거 맞지?

그치, 그거지?
맞지?

......

저, 부회장님.

저랑 잠깐
얘기 좀 하실까요?

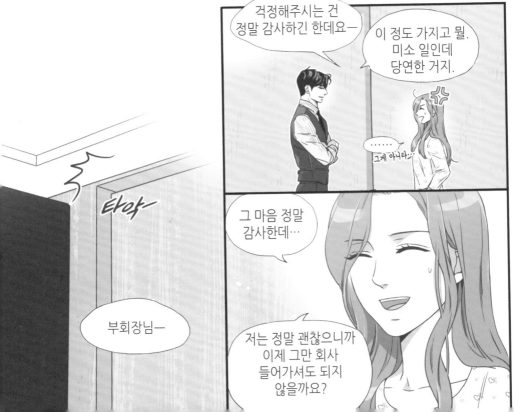

걱정해주시는 건
정말 감사하긴 한데요—

이 정도 가지고 뭘.
미소 일인데
당연한 거지.

......
그게 아니라...

타악—

그 마음 정말
감사한데…

부회장님—

저는 정말 괜찮으니까
이제 그만 회사
들어가서도 되지
않을까요?

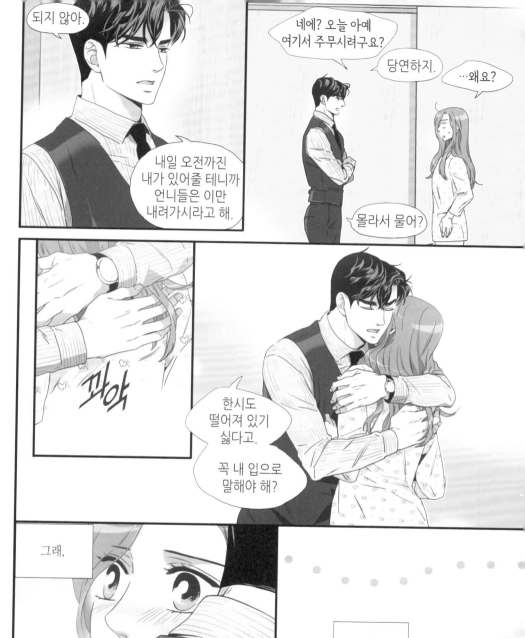

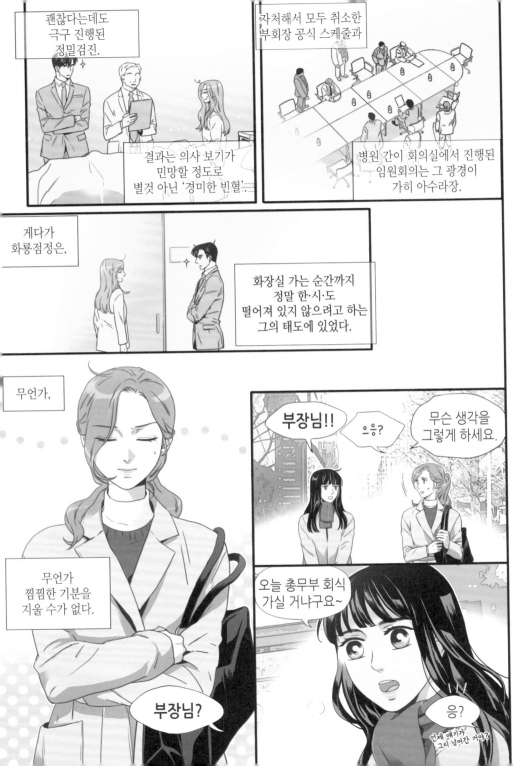

괜찮다는데도
극구 진행된
정밀검진.

자처해서 모두 취소한
부회장 공식 스케줄과

결과는 의사 보기가
민망할 정도로
별것 아닌 '경미한 빈혈'.

병원 간이 회의실에서 진행된
임원회의는 그 광경이
가히 아수라장.

게다가
화룡점정은,

화장실 가는 순간까지
정말 한·시·도
떨어져 있지 않으려고 하는
그의 태도에 있었다.

무언가,

부장님!!

으응?

무슨 생각을
그렇게 하세요.

무언가
찜찜한 기분을
지울 수가 없다.

오늘 총무부 회식
가실 거냐구요~

부장님?

응?

언제 얘기가
그리 넘어간 거야?

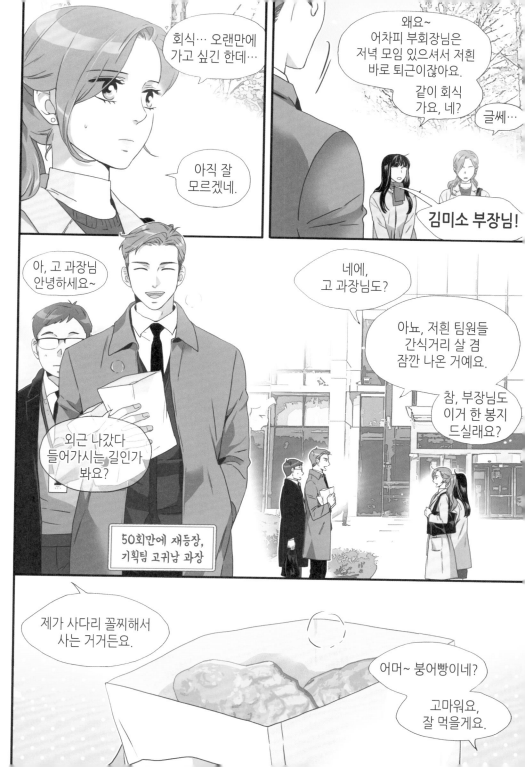

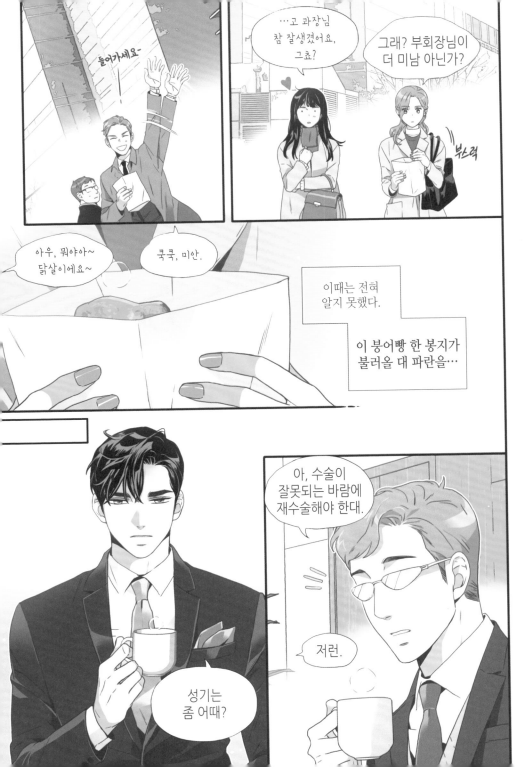

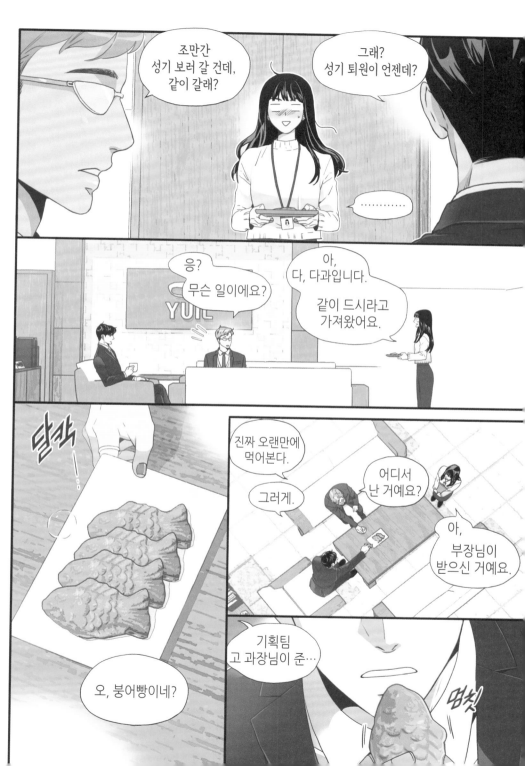

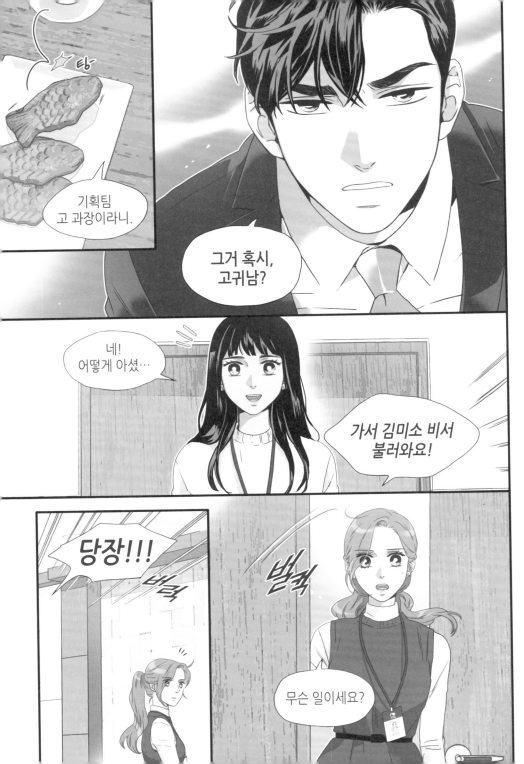

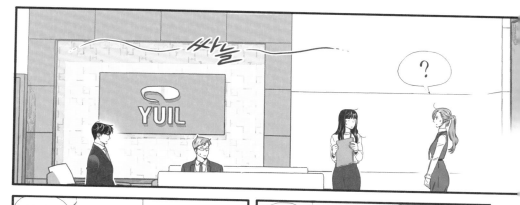

싸늘

YUIL

?

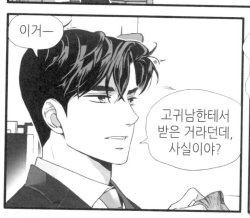

이거―

고귀남한테서
받은 거라던데,
사실이야?

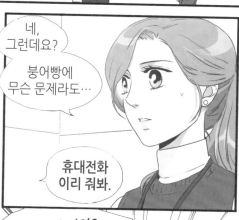

네,
그런데요?

붕어빵에
무슨 문제라도…

휴대전화
이리 줘봐.

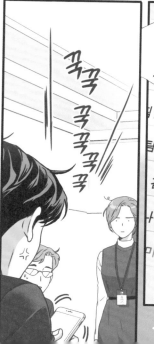

꾹
꾹
꾹
꾹
꾹

아하!
여기 있군!
고귀남 과장!!

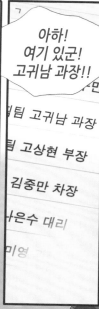

…만

딤팀 고귀남 과장

팀 고상현 부장

김중만 차장

나은수 대리

미영

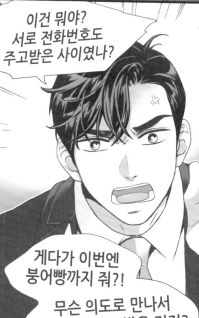

이건 뭐야?
서로 전화번호도
주고받은 사이였나?

게다가 이번엔
붕어빵까지 줘?!

무슨 의도로 만나서
붕어빵을 주고받은 거지?

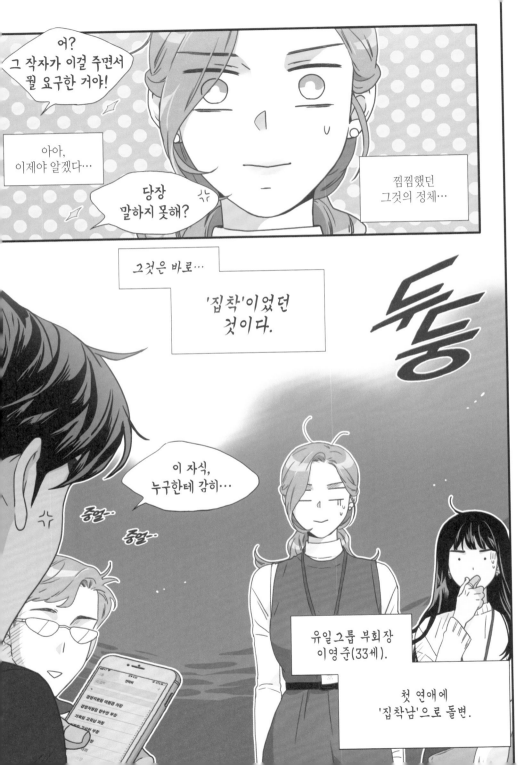

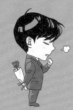
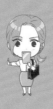

김 비서가 5
왜 그럴까

CHAPTER 71

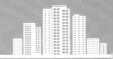

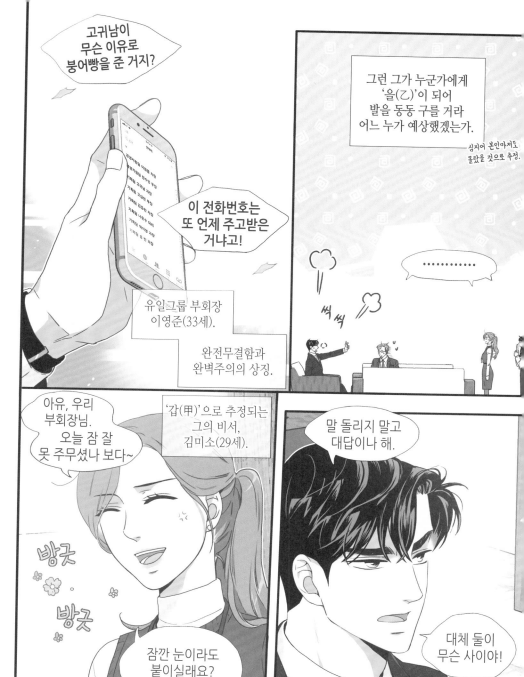

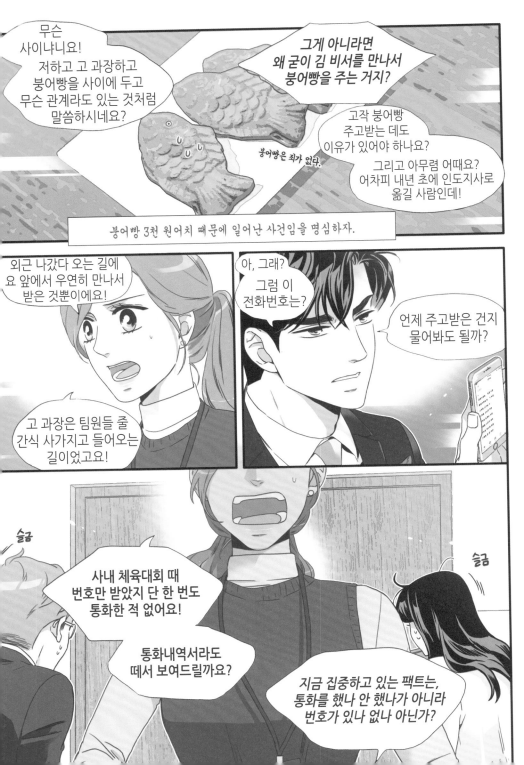

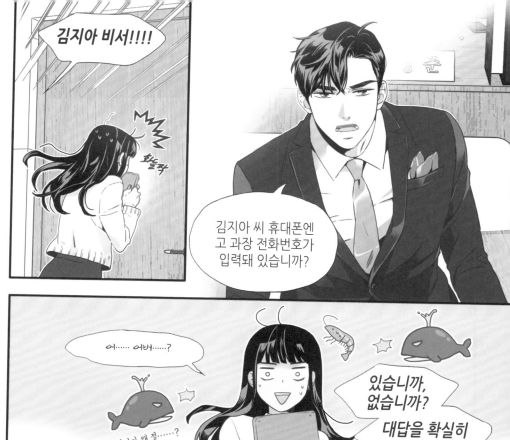

김지아 비서!!!!

김지아 씨 휴대폰엔
고 과장 전화번호가
입력돼 있습니까?

어…… 어버……?

갑자기 왜 절……?

있습니까,
없습니까?
대답을 확실히
해요!

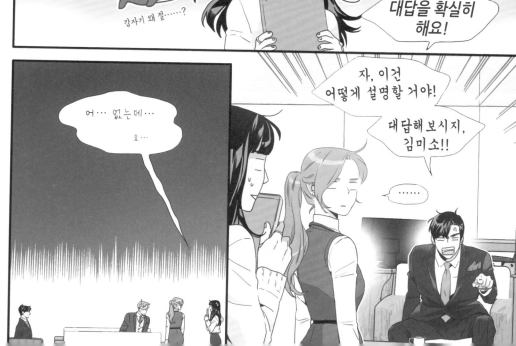

어… 없는데…
요…

자, 이건
어떻게 설명할 거야!

대답해보시지,
김미소!!

……

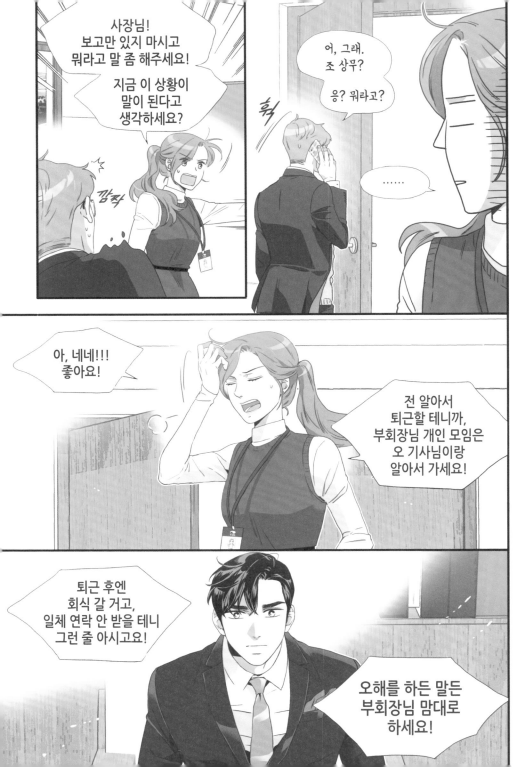

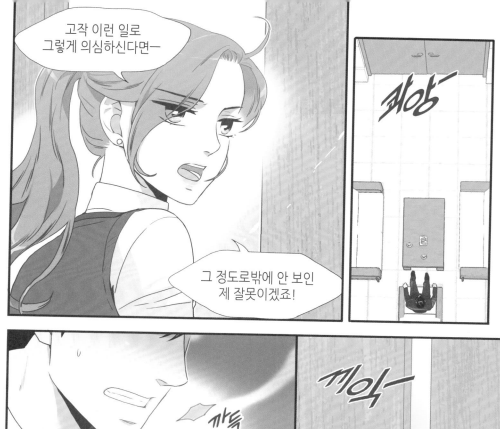

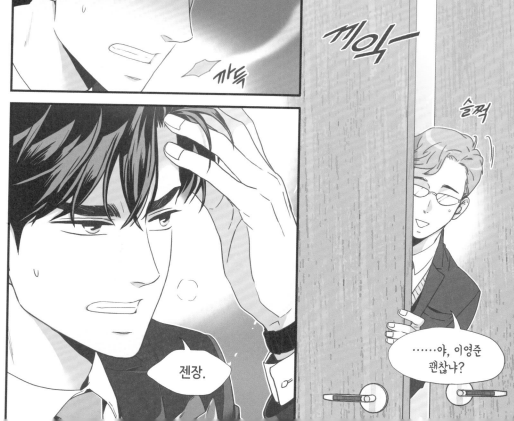

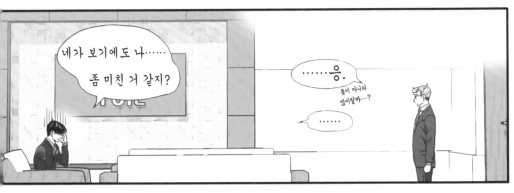

네가 보기에도 나……

좀 미친 거 같지?

……응.

좋이 아니라
많이말까…?

……

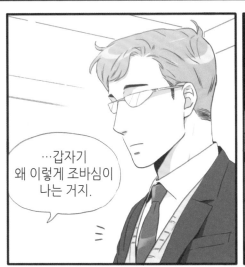

…갑자기
왜 이렇게 조바심이
나는 거지.

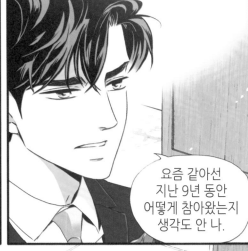

요즘 같아선
지난 9년 동안
어떻게 참아왔는지
생각도 안 나.

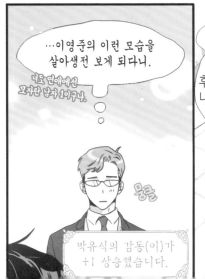

…이영준의 이런 모습을
살아생전 보게 되다니.

너도 연애에선
모자란 남자 1이구나.

박유식의 감동(이)가
+1 상승했습니다.

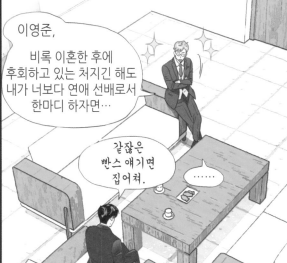

이영준,

비록 이혼한 후에
후회하고 있는 처지긴 해도
내가 너보다 연애 선배로서
한마디 하자면…

같잖은
빤스 얘기면
집어쳐.

……

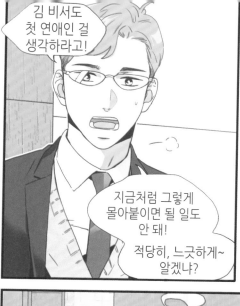

김 비서도 첫 연애인 걸 생각하라고!

지금처럼 그렇게 몰아붙이면 될 일도 안 돼! 적당히, 느긋하게~ 알겠냐?

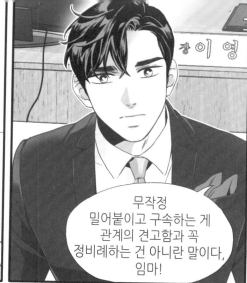

무작정 밀어붙이고 구속하는 게 관계의 견고함과 꼭 정비례하는 건 아니란 말이다, 임마!

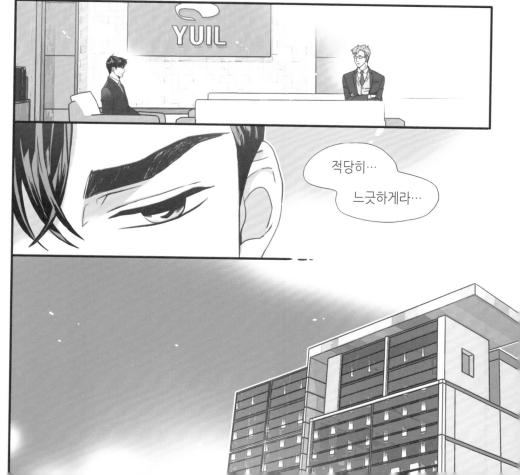

YUIL

적당히…

느긋하게라…

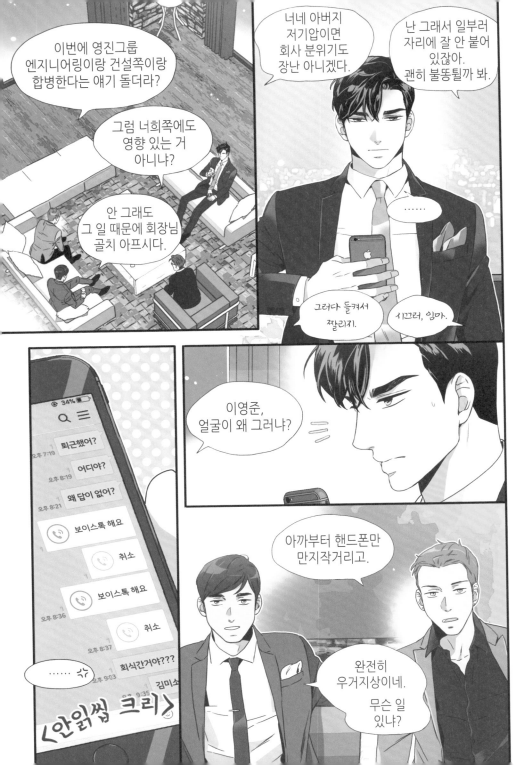

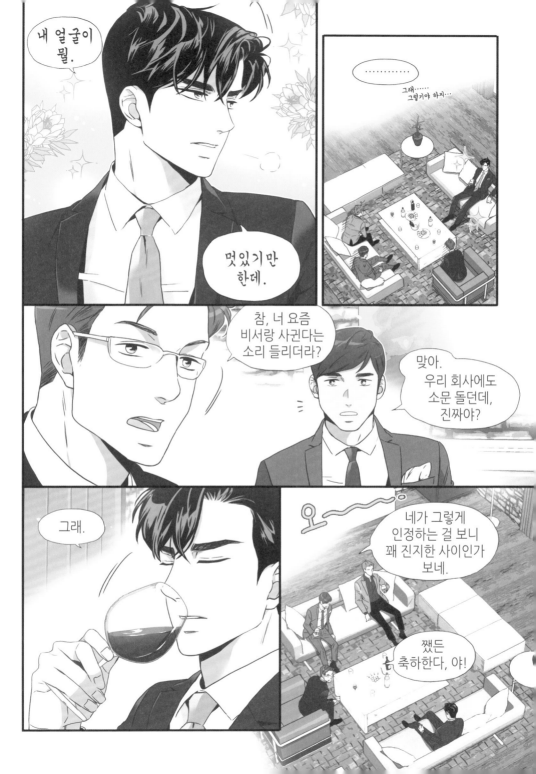

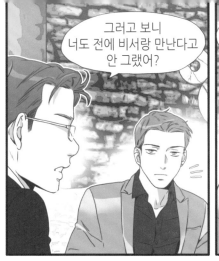

그러고 보니
너도 전에 비서랑 만난다고
안 그랬어?

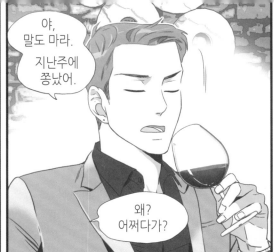

야,
말도 마라.
지난주에
쫑났어.

왜?
어쩌다가?

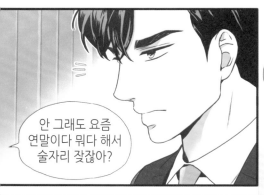

안 그래도 요즘
연말이다 뭐다 해서
술자리 잦잖아?

아니나 다를까!
거기 술자리서 다른 놈이랑
눈맞아서 둘이 썸을 타고
있더라니까?

야, 간도 크다!
대표이사 애인이랑?

회식을 꼬박꼬박
가는데, 갈 때마다
연락이 안 되는 거야.

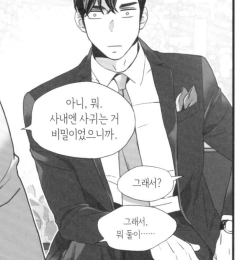

아니, 뭐.
사내엔 사귀는 거
비밀이었으니까.

촉이 딱
오더라고.
내가 또 그런 건
못 참잖아.

그래서?

그래서,
뭐 둘이……

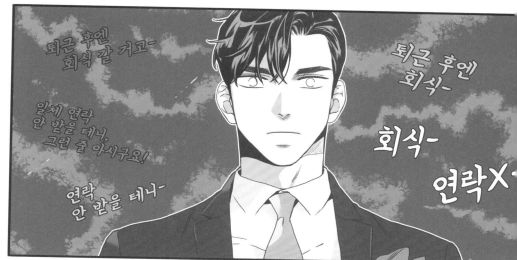

퇴근 후엔
회식 갈 거고-

일체 연락
안 받을 테니,
그런 줄 아시구요!

연락
안 받을 테니-

퇴근 후엔
회식-

회식-

연락X

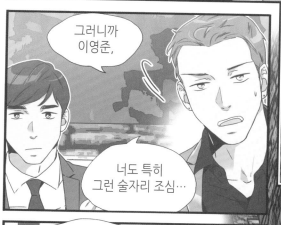

그러니까
이영준,

너도 특히
그런 술자리 조심…

적당히?

느긋하게?

저벅
저벅

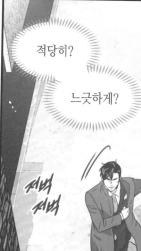

저벅
저벅

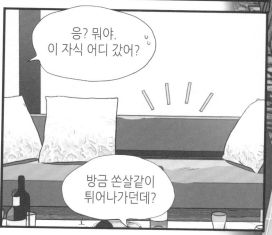

응? 뭐야.
이 자식 어디 갔어?

방금 쏜살같이
튀어나가던데?

다 집어치라
그래!

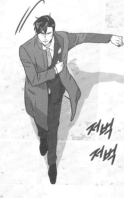

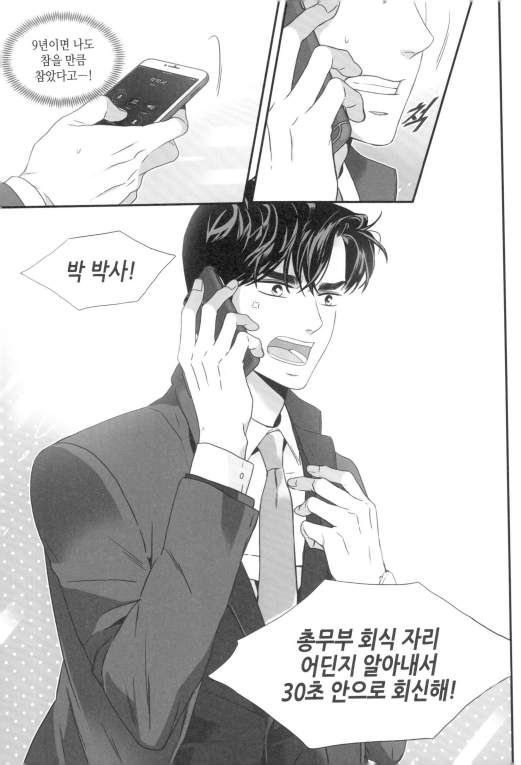

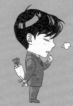
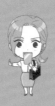

김 비서가 5
왜 그럴까

CHAPTER 72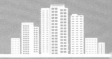

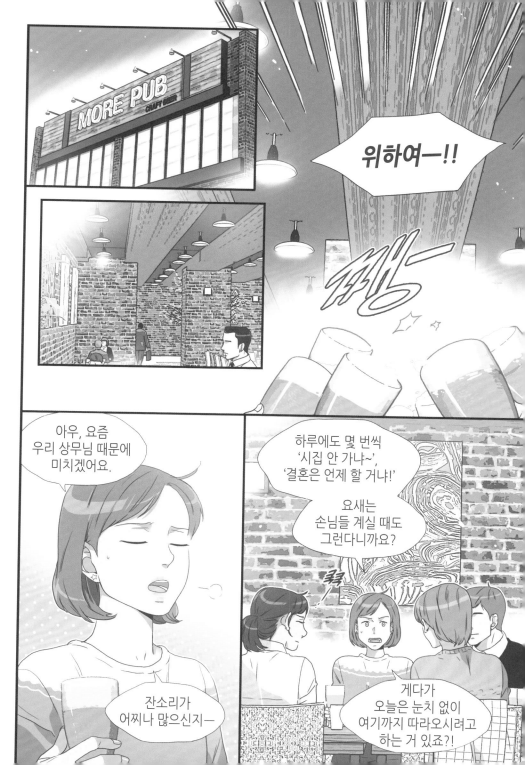

MORE PUB

위하여―!!

짼ㅇ―

아우, 요즘
우리 상무님 때문에
미치겠어요.

잔소리가
어찌나 많으신지―

하루에도 몇 번씩
'시집 안 가냐~',
'결혼은 언제 할 거냐!'

요새는
손님들 계실 때도
그런다니까요?

게다가
오늘은 눈치 없이
여기까지 따라오시려고
하는 거 있죠?!

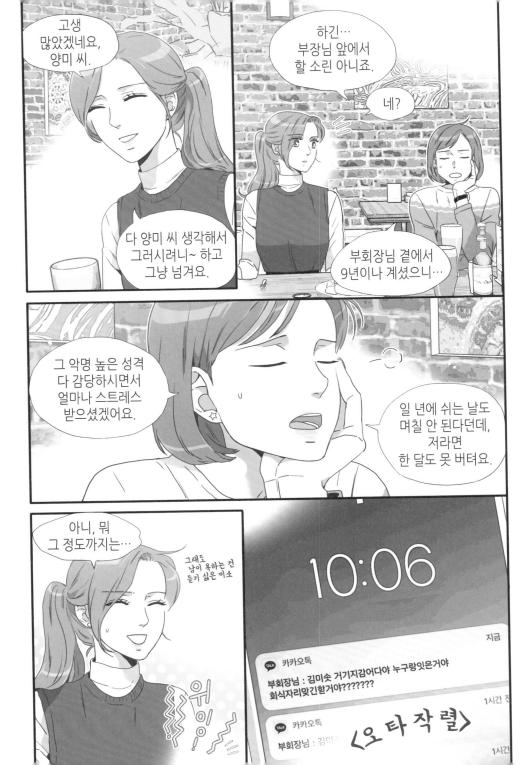

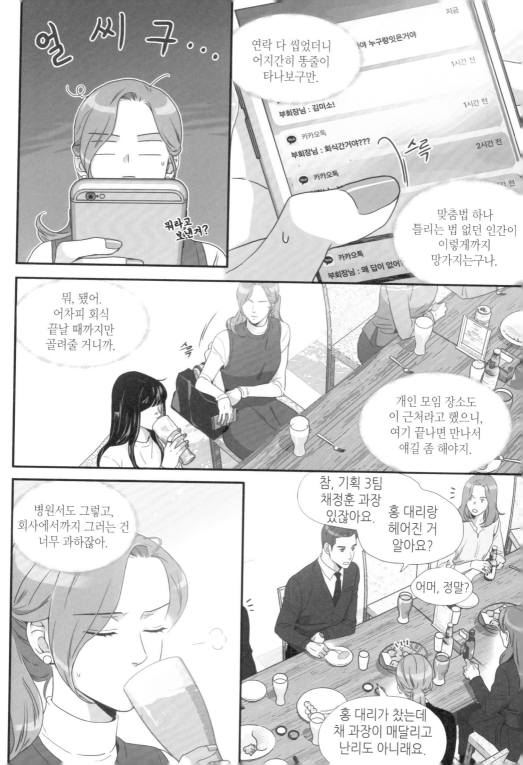

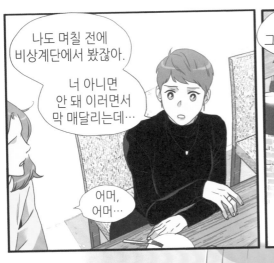

나도 며칠 전에 비상계단에서 봤잖아.

너 아니면 안 돼 이러면서 막 매달리는데…

어머, 어머…

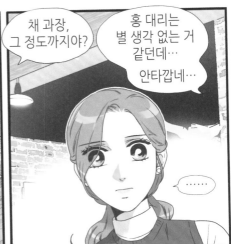

채 과장, 그 정도까지야?

홍 대리는 별 생각 없는 거 같던데… 안타깝네…

……

날 김 비서가 아니면 안 되는 사람으로 만들어놨으니 책임져.

……

혹시…

한시도 떨어져 있기 싫다고.

둘이 무슨 사이인 거야?!

그 행동들의 의미가…

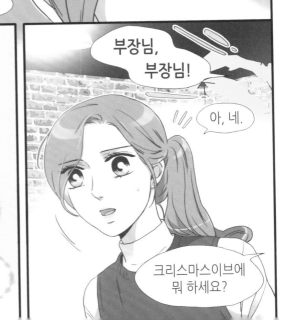

부장님, 부장님!

아, 네.

크리스마스이브에 뭐 하세요?

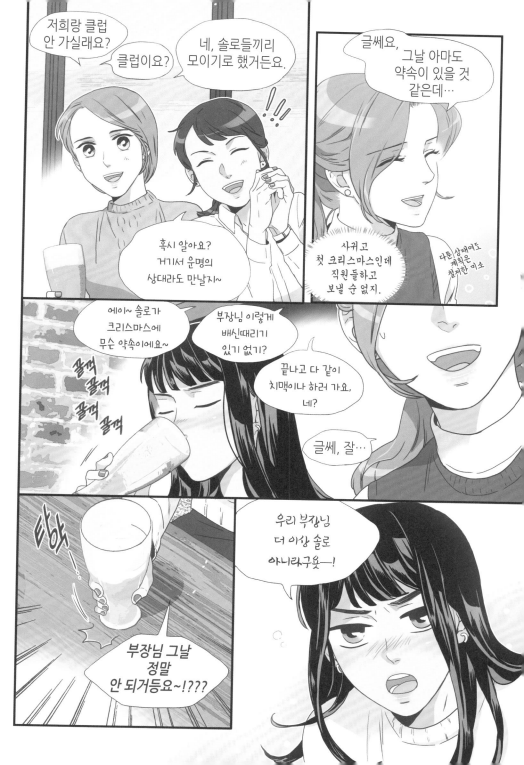

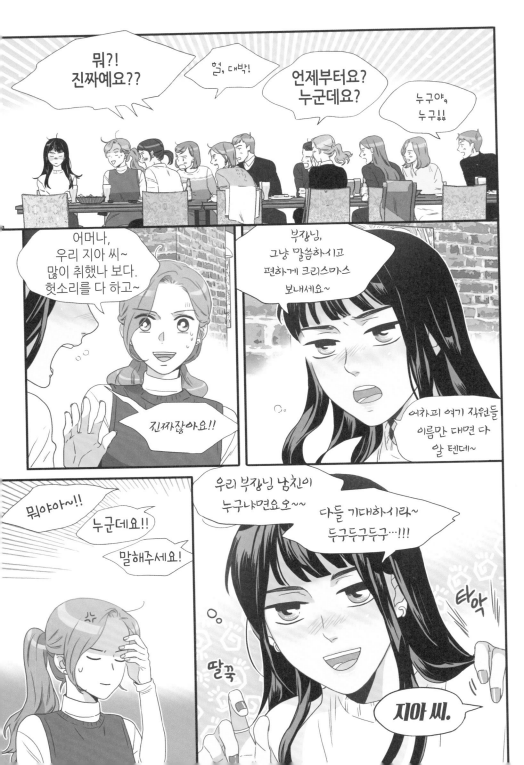

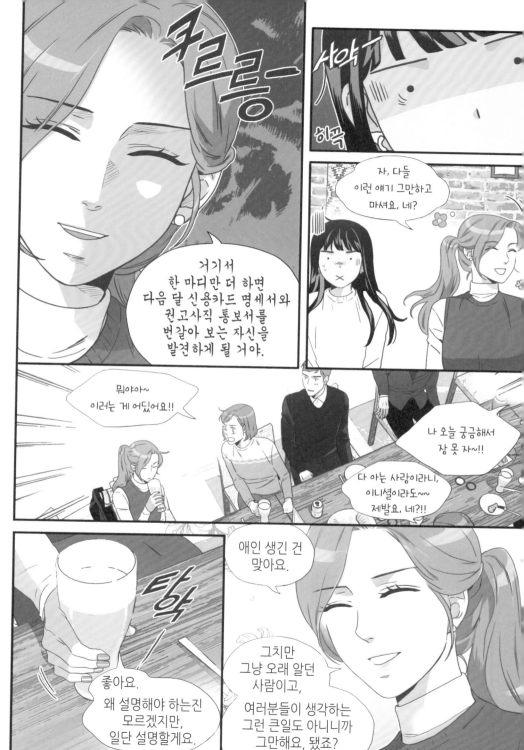

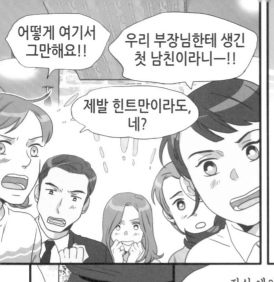

어떻게 여기서 그만해요!!

우리 부장님한테 생긴 첫 남친이라니—!!

제발 힌트만이라도, 네?

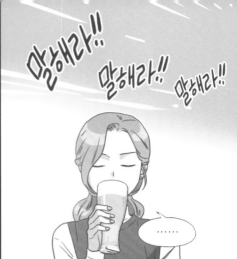

말해라!! 말해라!! 말해라!!

......

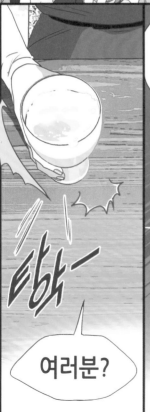

태—

여러분?

진실 게임 하는 것도 아닌데 이렇게 다그치는 게 과연 예의 있는 행동일까요?

🐶 정색

상대방이 곤란해할 땐 한발 물러서서 배려하는 것도 사회생활에서 꼭 필요한 스킬이니 명심하도록 하세요.

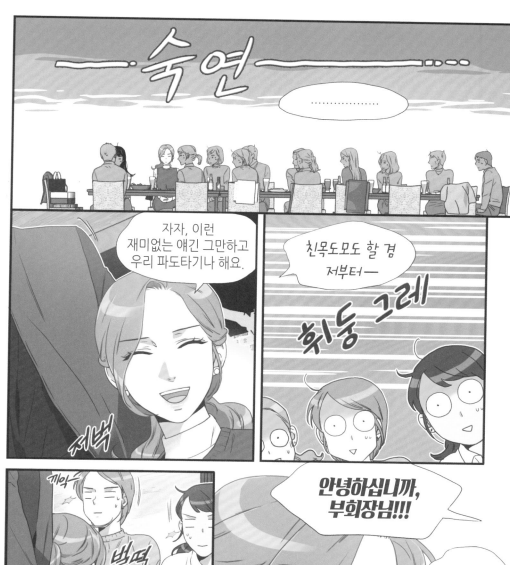

숙연

....

자자, 이런 재미없는 얘긴 그만하고 우리 파도타기나 해요.

친목도모도 할 겸 저부터—

휘둥 그레

저벅

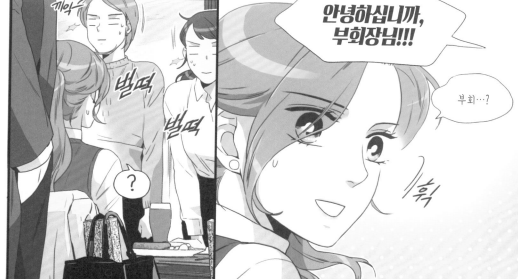

끼익~

발떡

발떡

?

안녕하십니까, 부회장님!!!

부회…?

휙

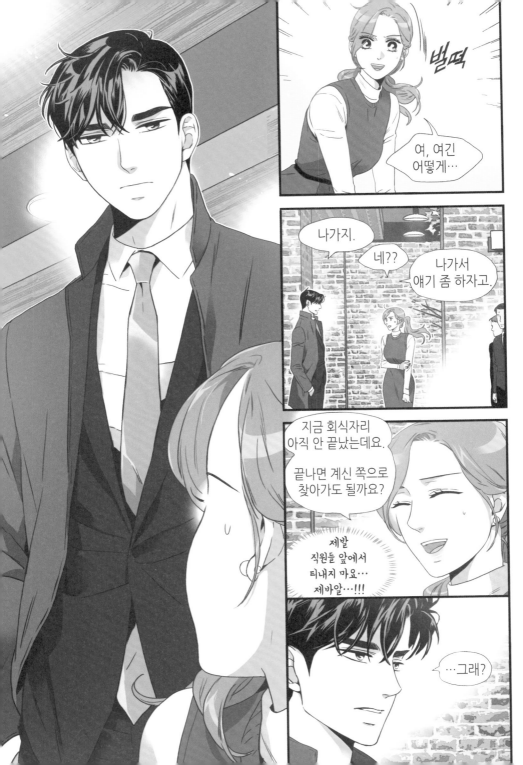

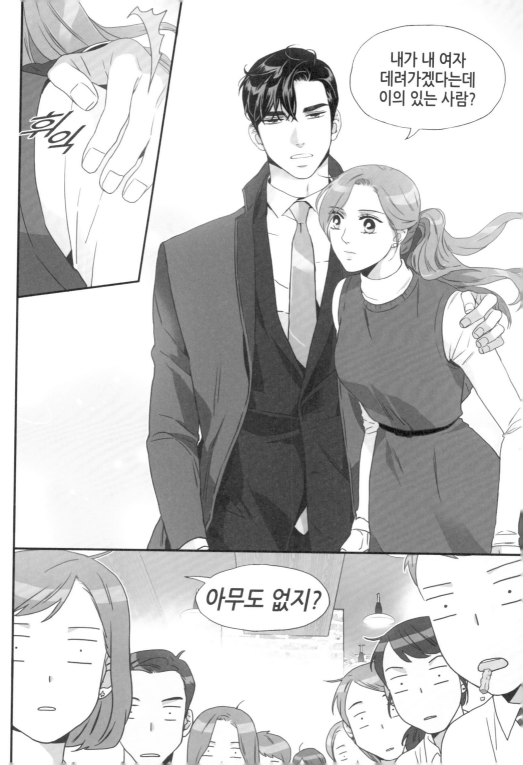

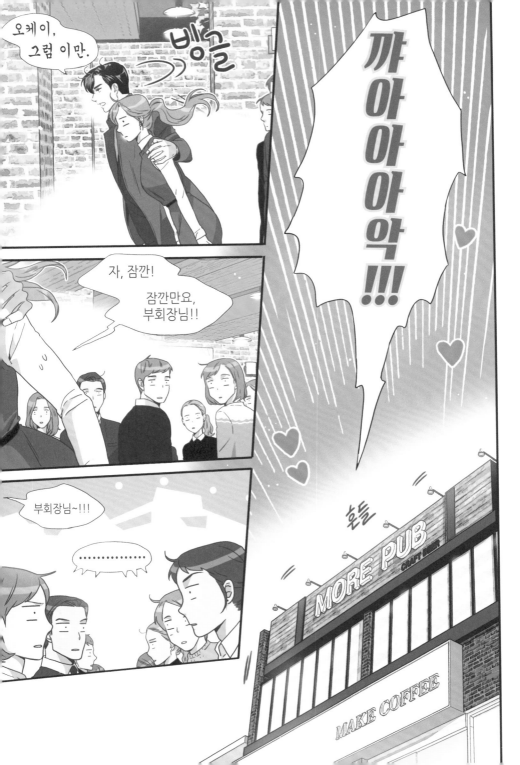

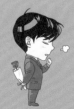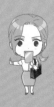

김 비서가 5
왜 그럴까

CHAPTER 73

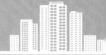

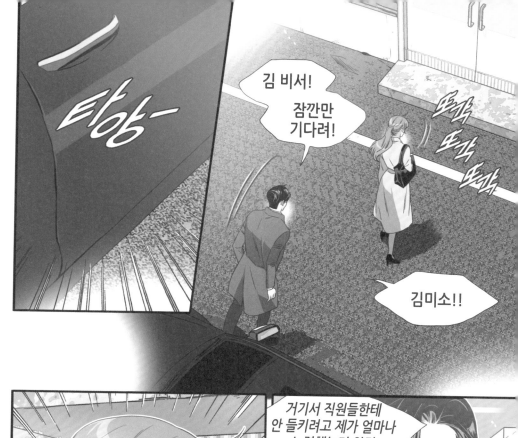

김 비서!
잠깐만 기다려!

김미소!!

거기서 직원들한테 안 들키려고 제가 얼마나 노력했는지 알긴 아세요?

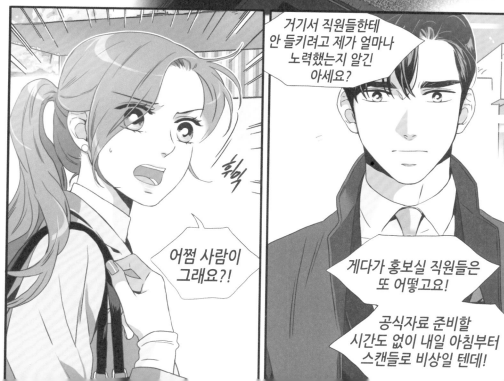

어쩜 사람이 그래요?!

게다가 홍보실 직원들은 또 어떻고요!

공식자료 준비할 시간도 없이 내일 아침부터 스캔들로 비상일 텐데!

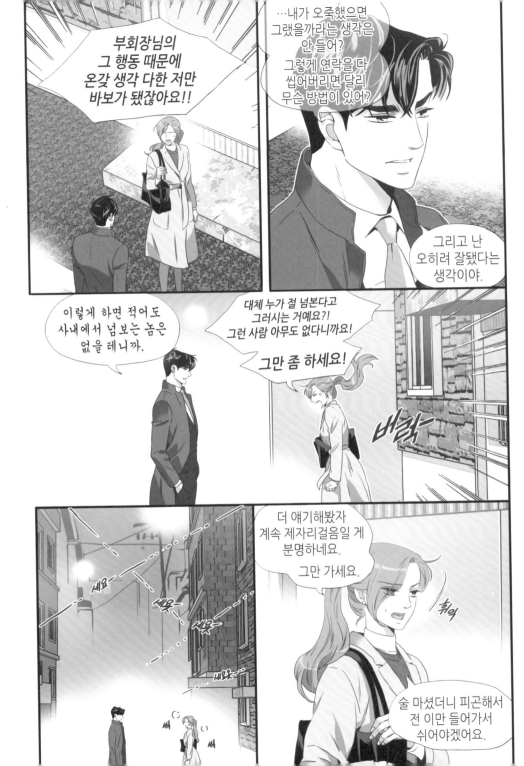

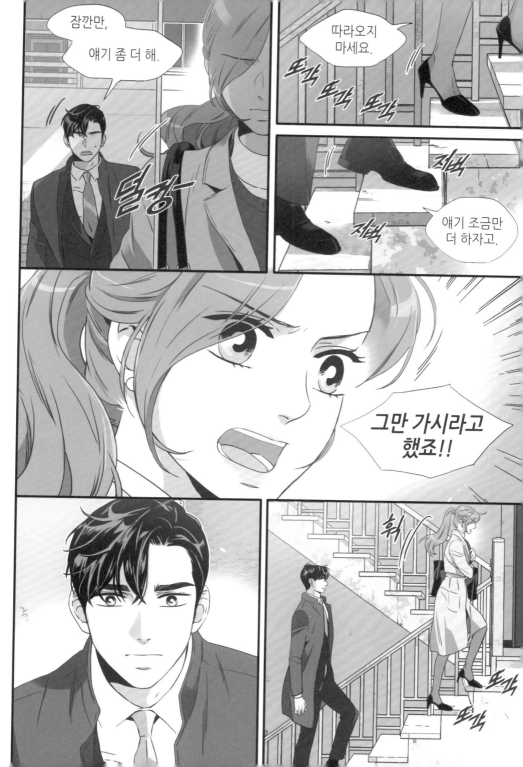

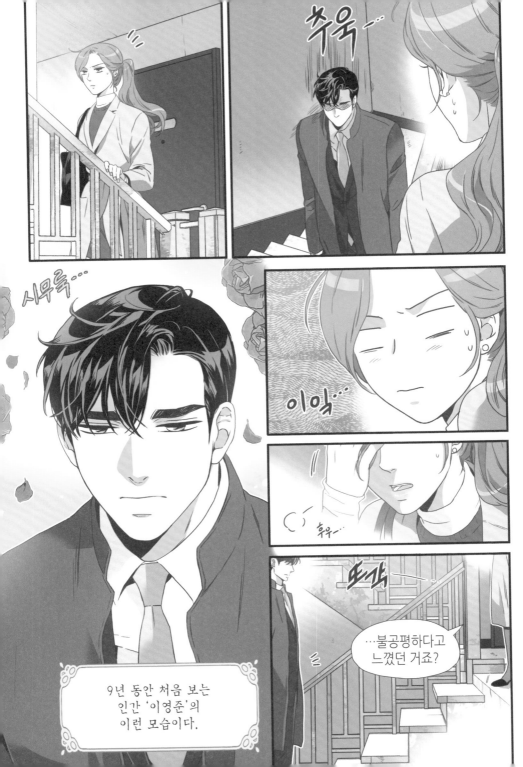

추욱…

시무룩…

이익…

후우…

또각

…불공평하다고
느꼈던 거죠?

9년 동안 처음 보는
인간 '이영준'의
이런 모습이다.

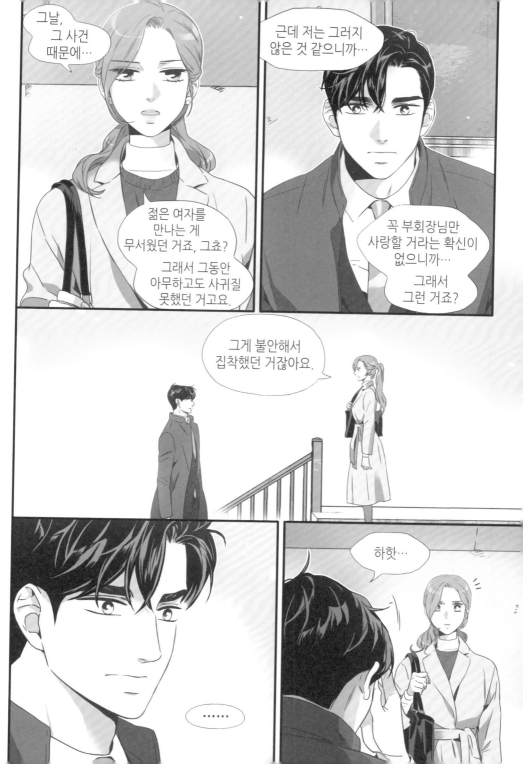

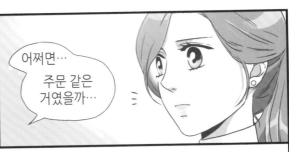

그래…

어쩌면…
주문 같은
거였을까…

그날…
너무 무서워서
미쳐버릴 것 같은
그때…

그런 거군…

여긴 나 혼자만
있는 게 아니라고…
그러니까 괜찮다고…

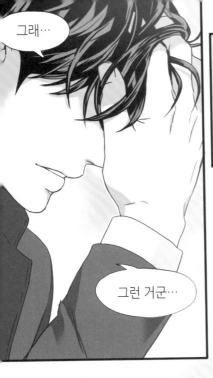

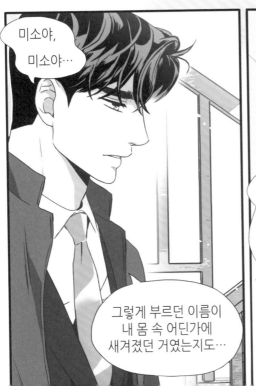

미소야,
미소야…

그렇게 부르던 이름이
내 몸 속 어딘가에
새겨졌던 거였는지도…

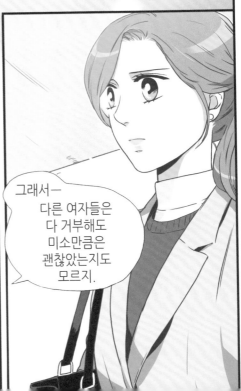

그래서—
다른 여자들은
다 거부해도
미소만큼은
괜찮았는지도
모르지.

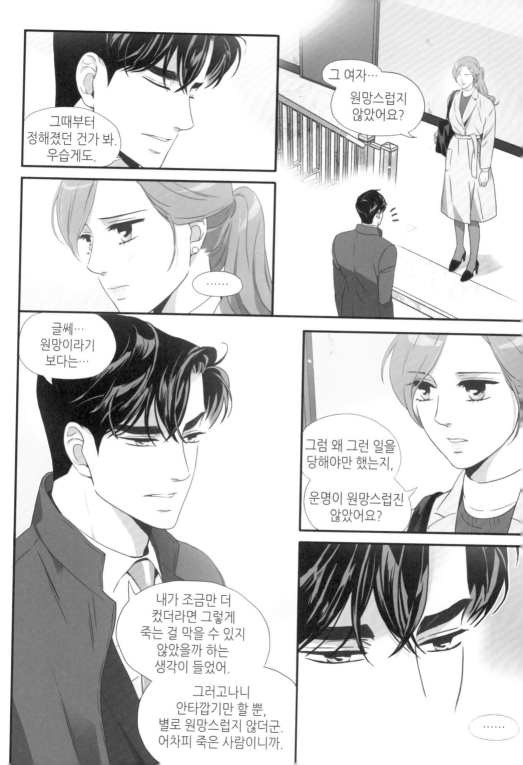

그때부터
정해졌던 건가 봐.
우습게도.

그 여자…
원망스럽지
않았어요?

……

글쎄…
원망이라기
보다는…

그럼 왜 그런 일을
당해야만 했는지,

운명이 원망스럽진
않았어요?

내가 조금만 더
컸더라면 그렇게
죽는 걸 막을 수 있지
않았을까 하는
생각이 들었어.

그러고나니
안타깝기만 할 뿐,
별로 원망스럽지 않더군.
어차피 죽은 사람이니까.

……

난 말야,

하지만,

남자와 여자가 만나서 그냥 사랑하는 건 그리 어렵지 않다고 생각해.

운명이라면 얘기가 달라지지.

만약…
내가 미소를 만나기 위해 그런 일을 겪은 거라면…

저벅

그래서 누군가가—

다시 돌아가서 그 일을 또 겪고도 널 만날 거냐고 묻는다면…

쪽

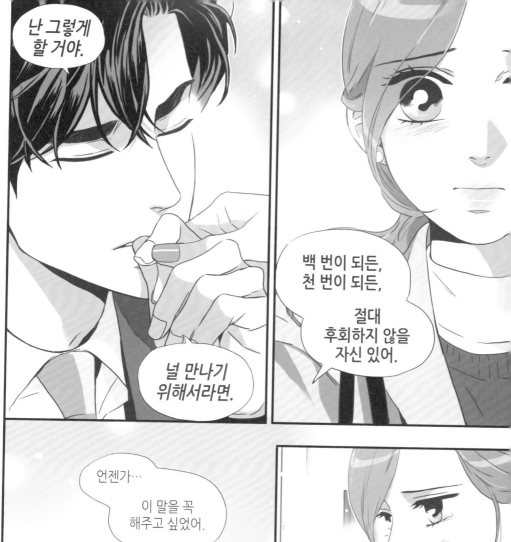

난 그렇게
할 거야.

백 번이 되든,
천 번이 되든,

절대
후회하지 않을
자신 있어.

널 만나기
위해서라면.

언젠가…

이 말을 꼭
해주고 싶었어.

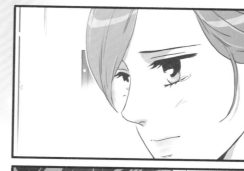

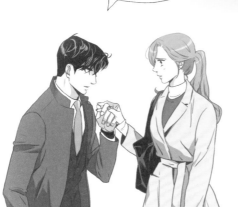

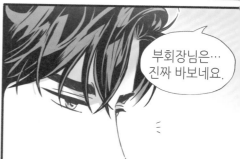

부회장님은…
진짜 바보네요.

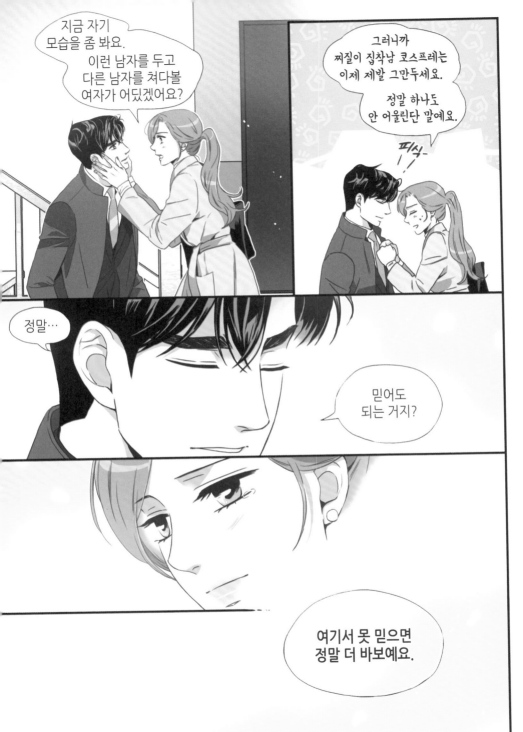

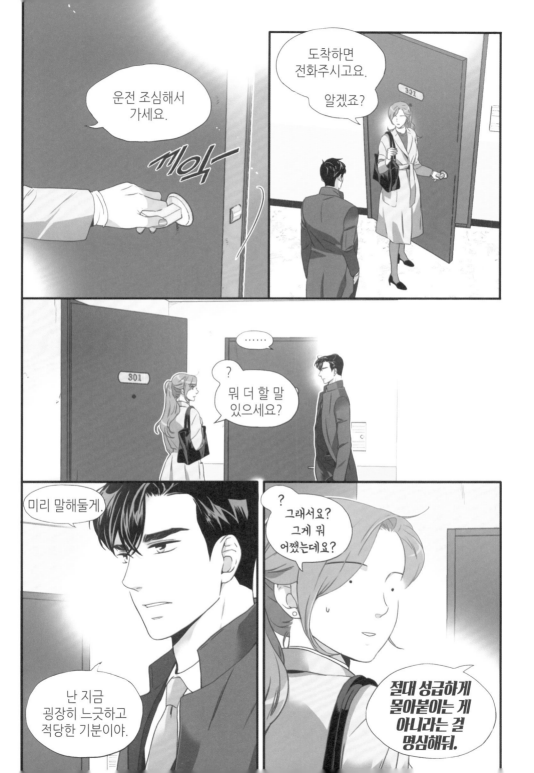

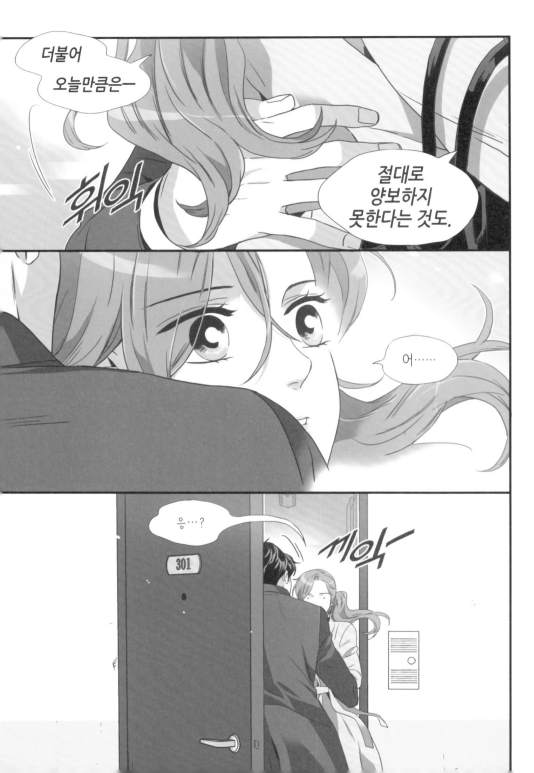

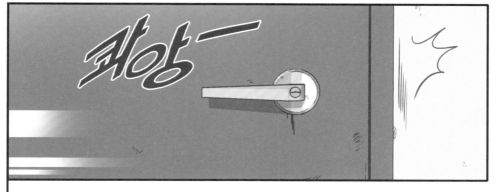

자, 자, 잠깐만요!!

이렇게 갑자기 이러는 게 어딨어요! 방 청소도 제대로 못했는데—

301

진심이야?

지금 이 상황에 방청소가 중요하다고 생각해?

그, 그런 건 아니지만…

자, 잠깐요!! 꺅!

쉿—

사람들 다 듣겠다—

♡이 문 안에서 일어날 일은, 다음 화에 계속—♡

CHAPTER 74

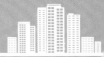

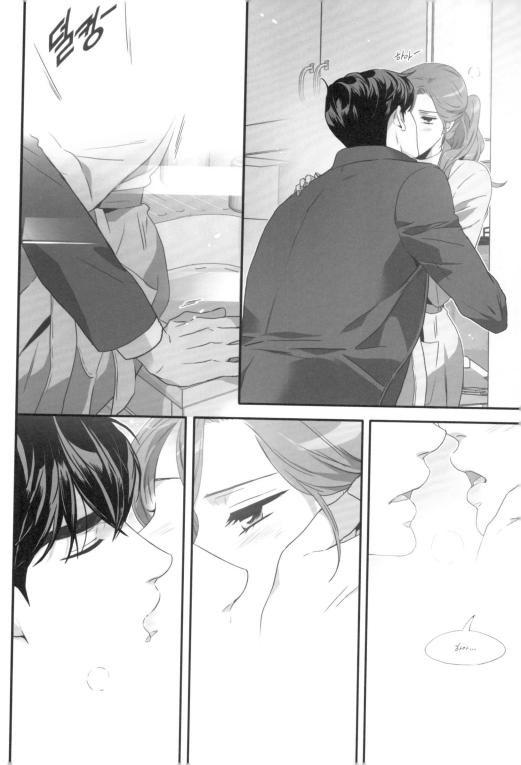

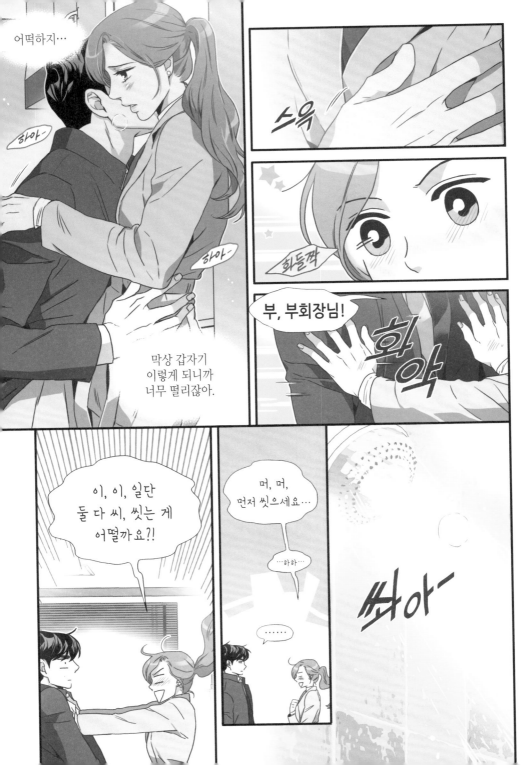

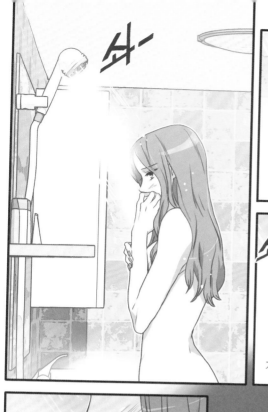

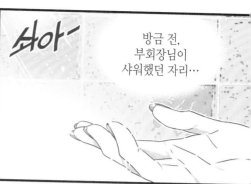

방금 전,
부회장님이
샤워했던 자리…

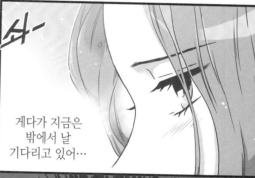

게다가 지금은
밖에서 날
기다리고 있어…

조만간일 거라고
생각은 했지만,
바로 코앞으로
다가오니까…
너무…

너무…

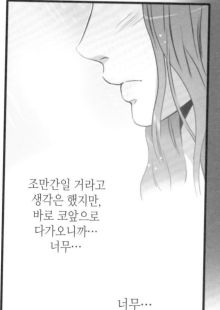

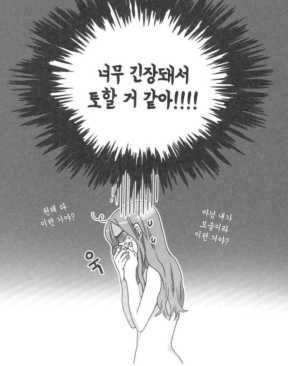

너무 긴장돼서
토할 거 같아!!!!

원래 다
이런 거야?

아님 내가
모솔이라
이런 거야?

욱

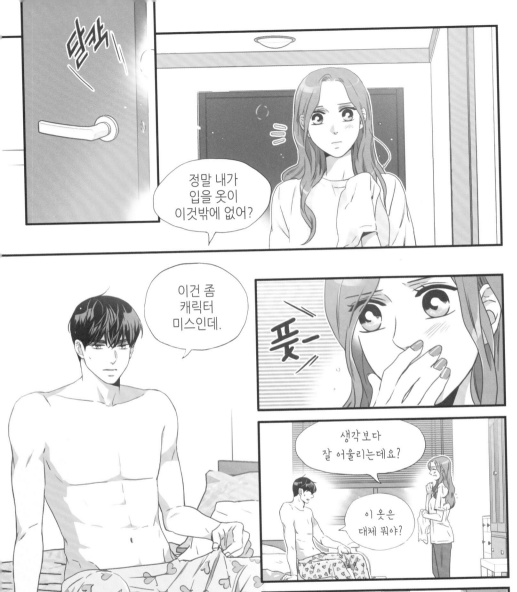

정말 내가
입을 옷이
이것밖에 없어?

이건 좀
캐릭터
미스인데.

생각 보다
잘 어울리는데요?

이 옷은
대체 뭐야?

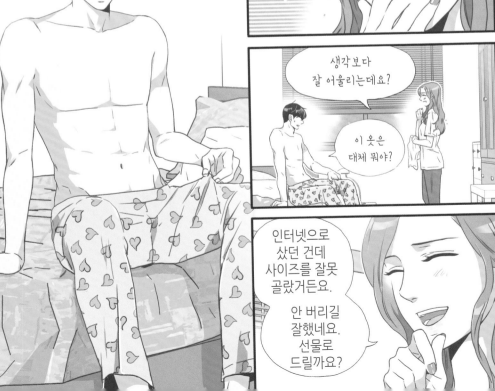

인터넷으로
샀던 건데
사이즈를 잘못
골랐거든요.

안 버리길
잘했네요.
선물로
드릴까요?

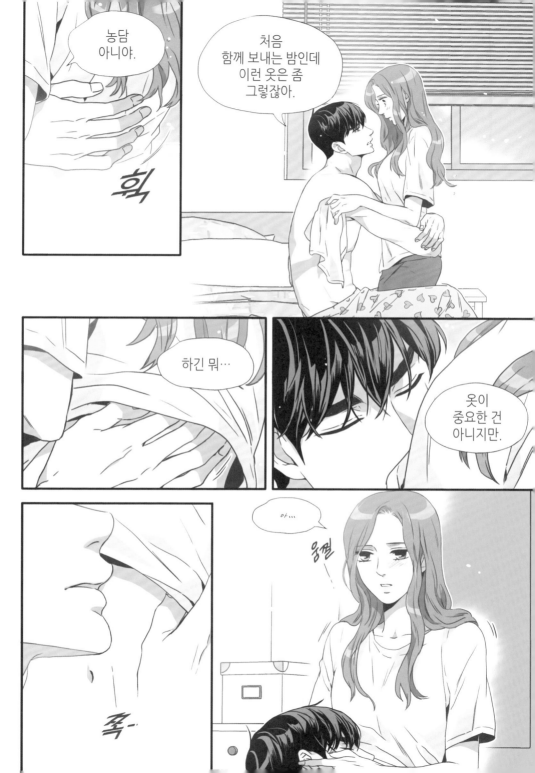

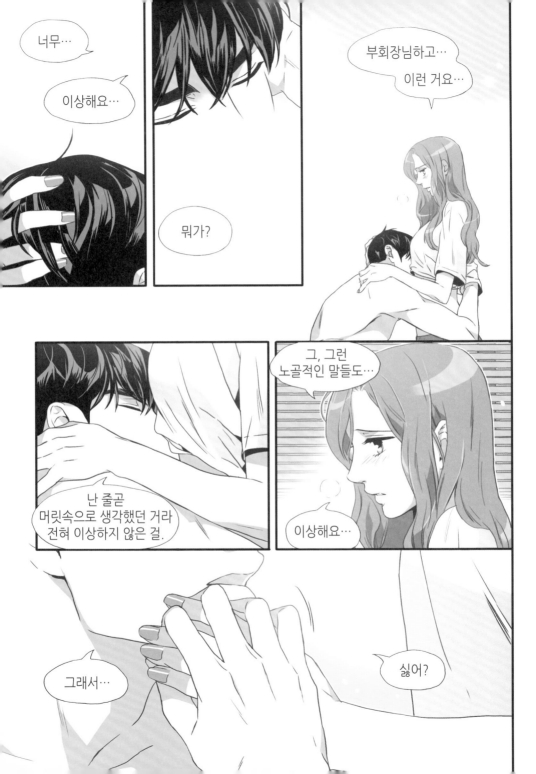

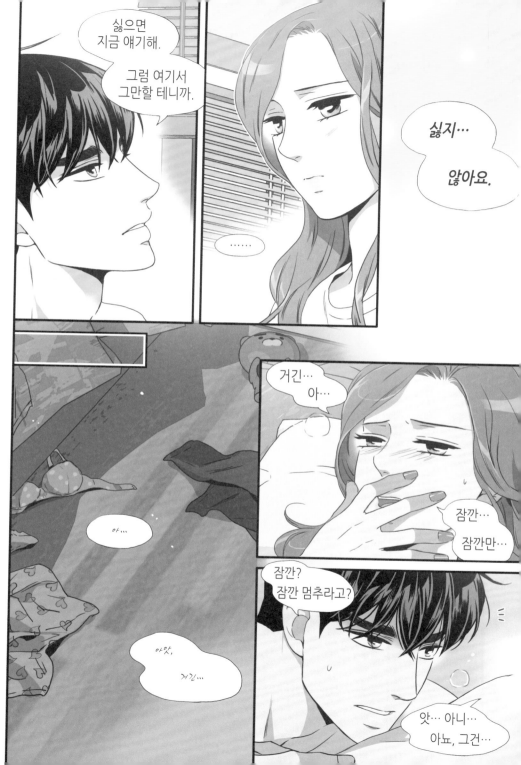

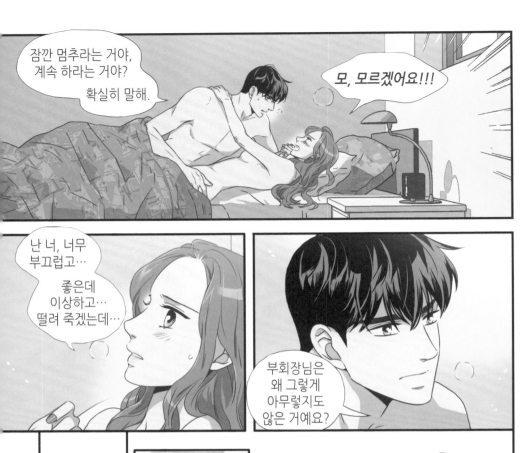

잠깐 멈추라는 거야,
계속 하라는 거야?
확실히 말해.

모, 모르겠어요!!!

난 너, 너무
부끄럽고…

좋은데
이상하고…
떨려 죽겠는데…

부회장님은
왜 그렇게
아무렇지도
않은 거예요?

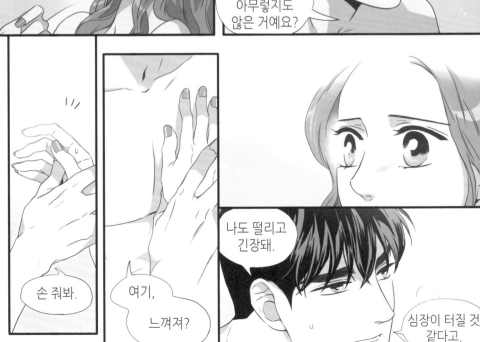

손 줘봐.

여기,
느껴져?

나도 떨리고
긴장돼.

심장이 터질 것
같다고.

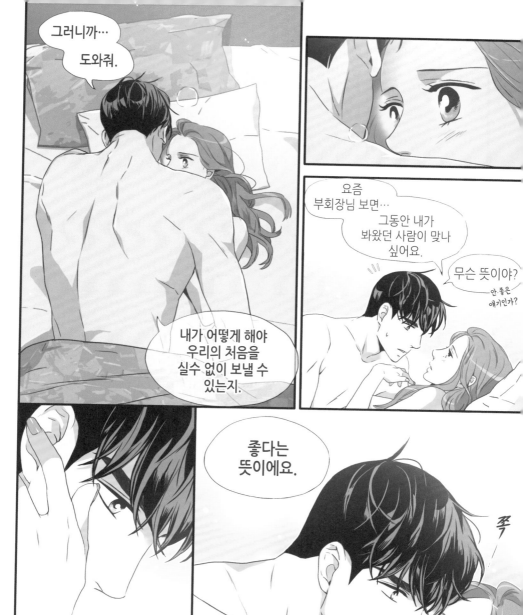

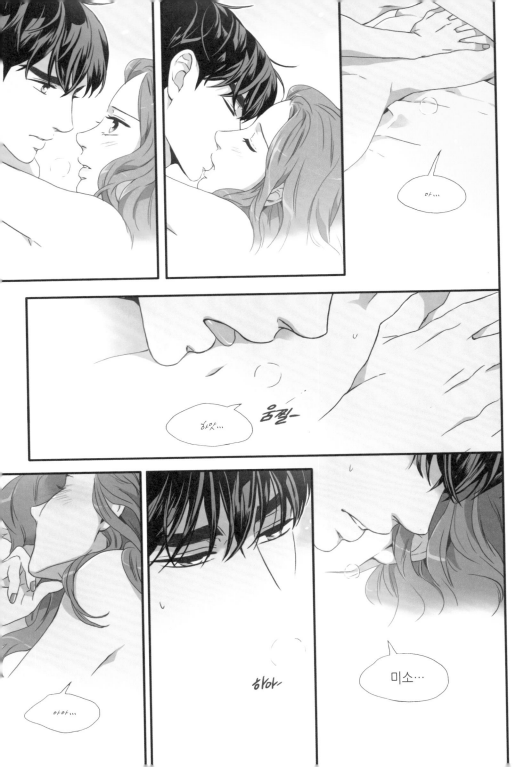

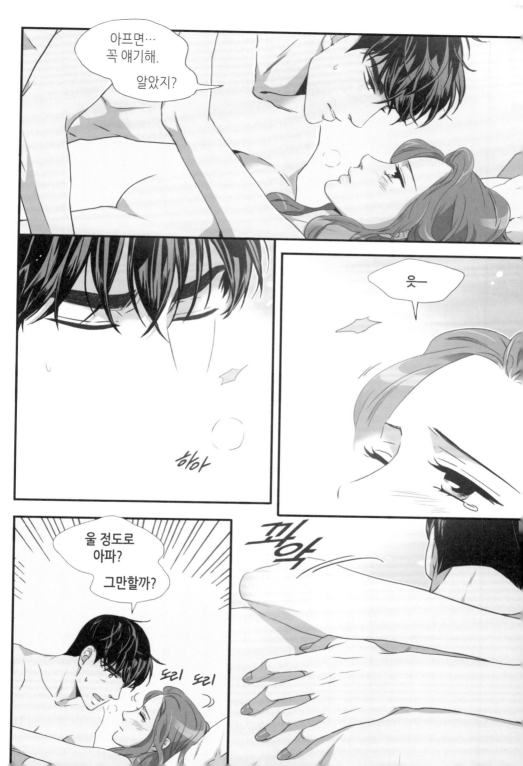

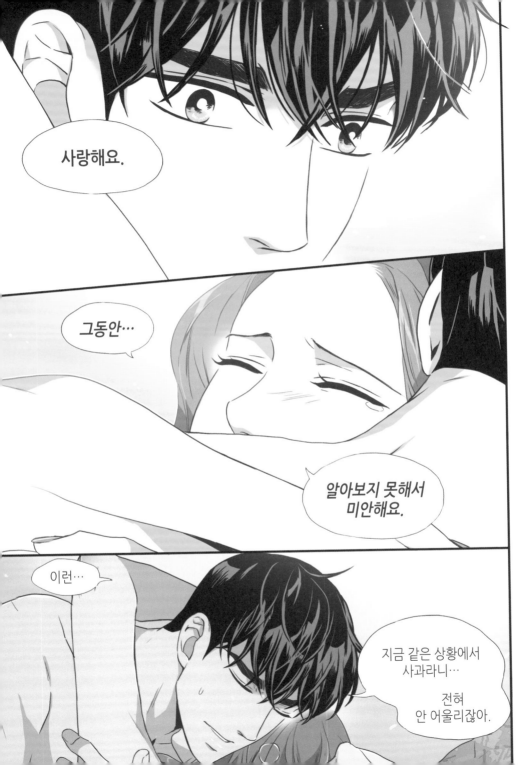

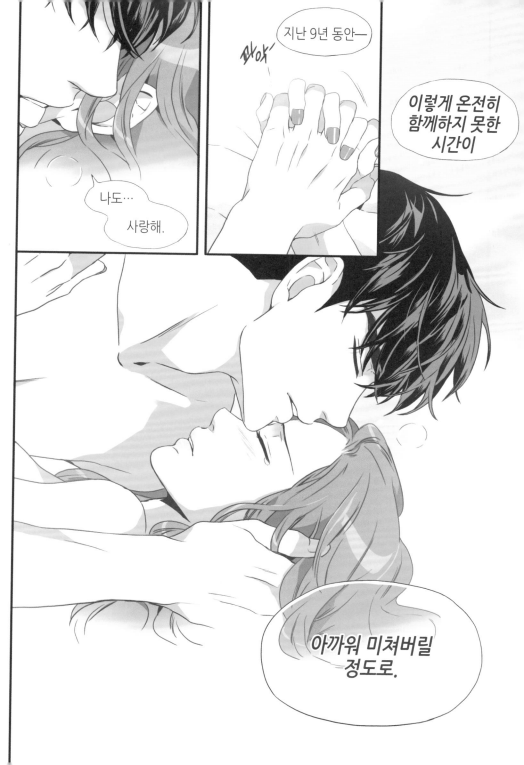

CHAPTER 75

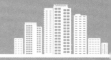

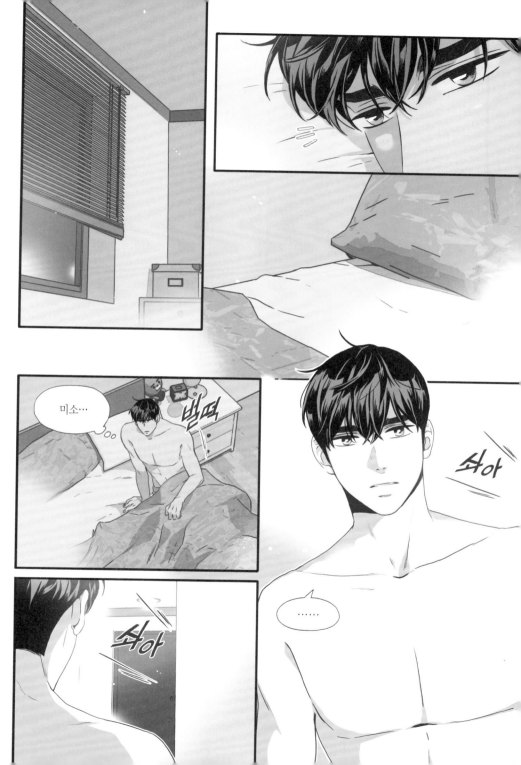

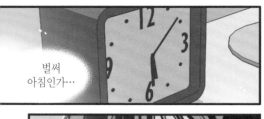

벌써
아침인가…

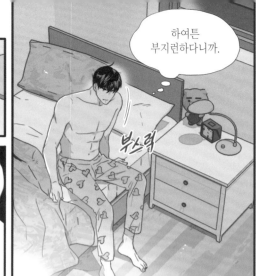

하여튼
부지런하다니까.

부스럭

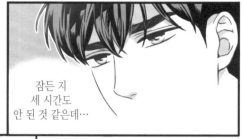

잠든 지
세 시간도
안 된 것 같은데…

딸깍

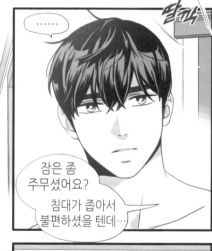

……

잠은 좀
주무셨어요?

침대가 좁아서
불편하셨을 텐데…

딸깍

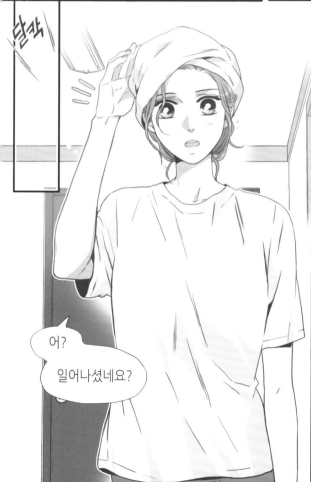

어?

일어나셨네요?

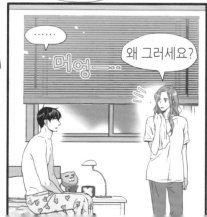

……

머엉----

왜 그러세요?

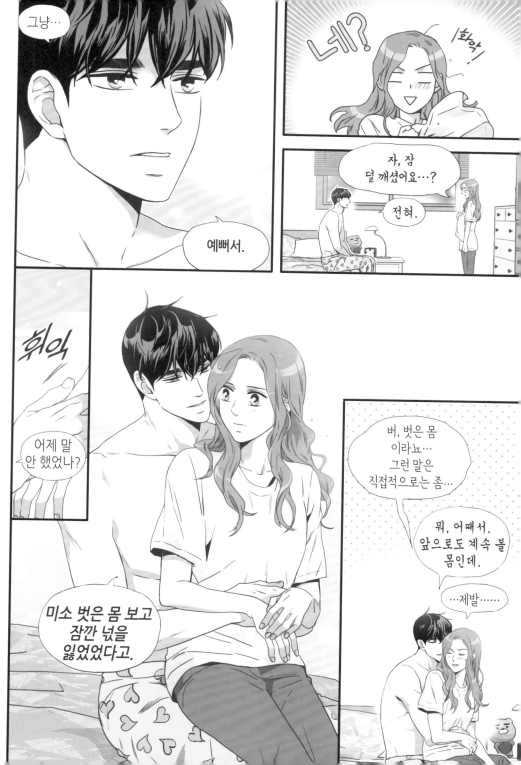

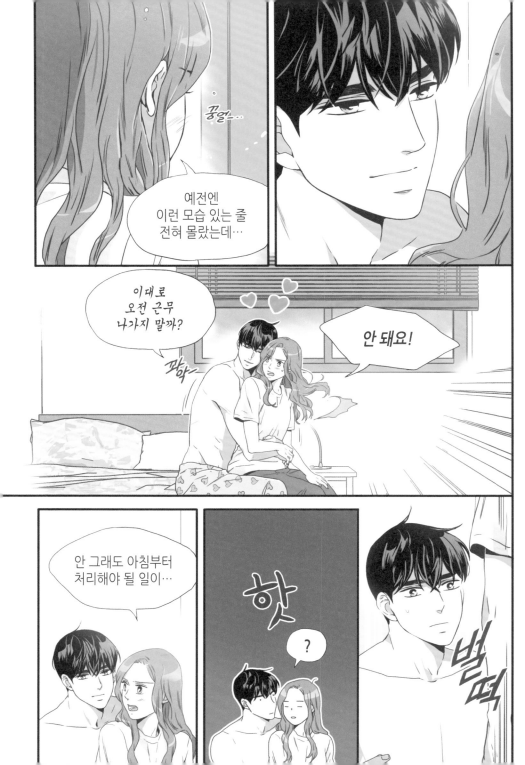

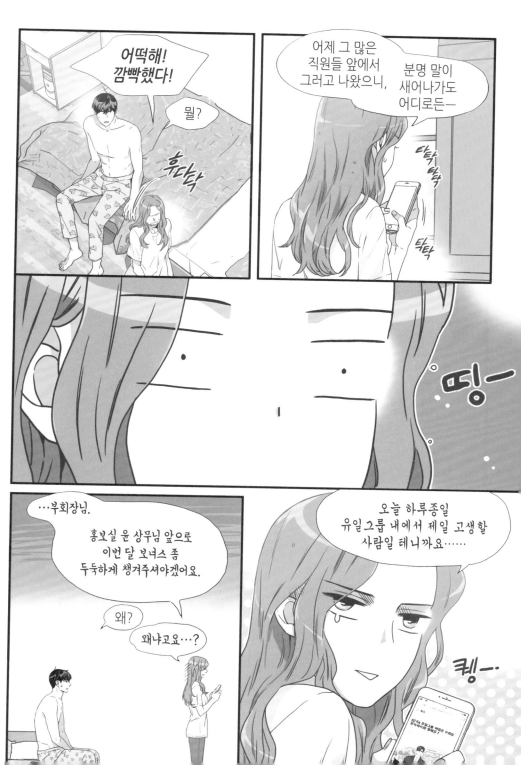

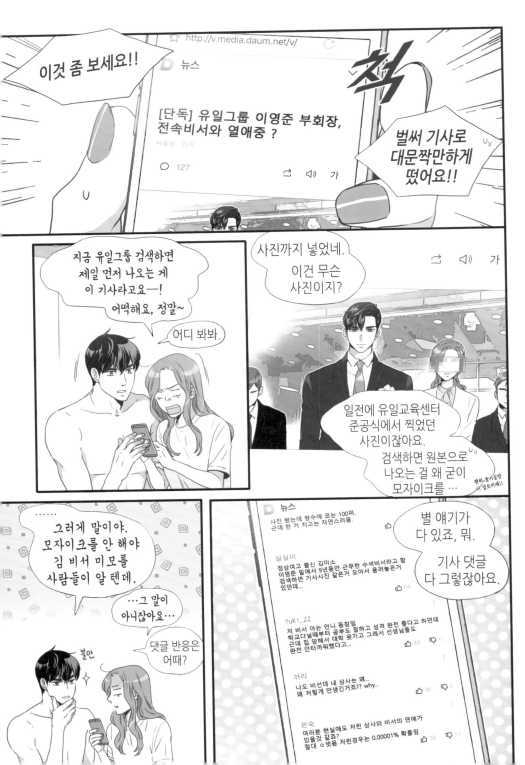

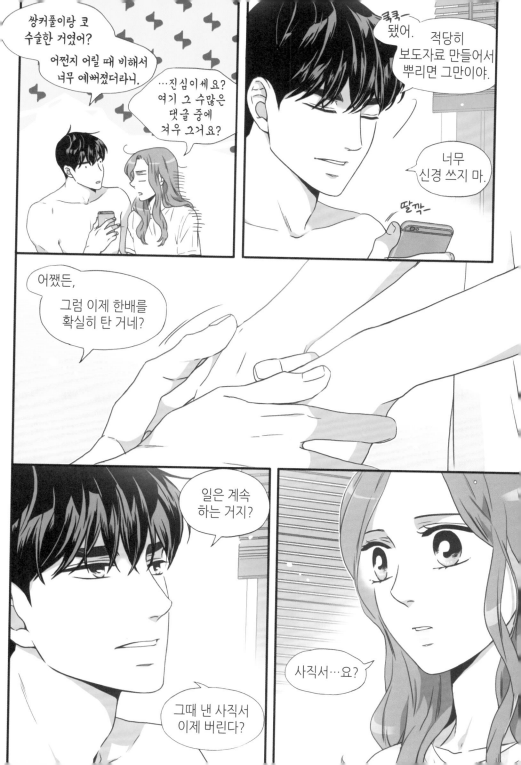

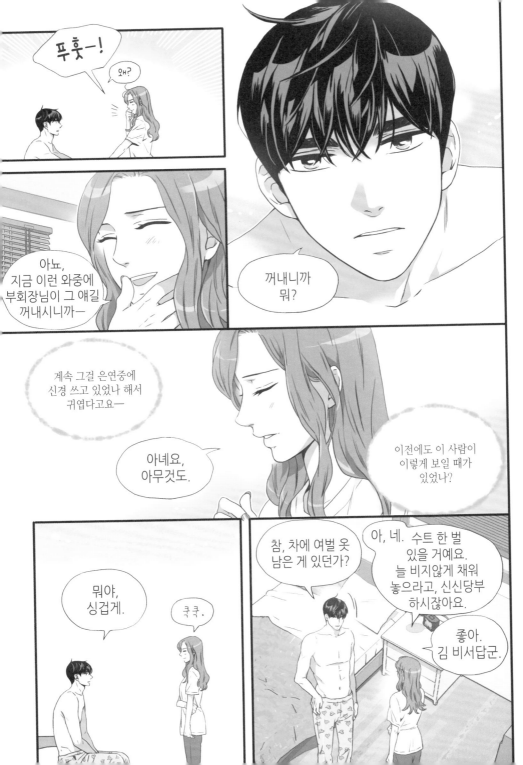

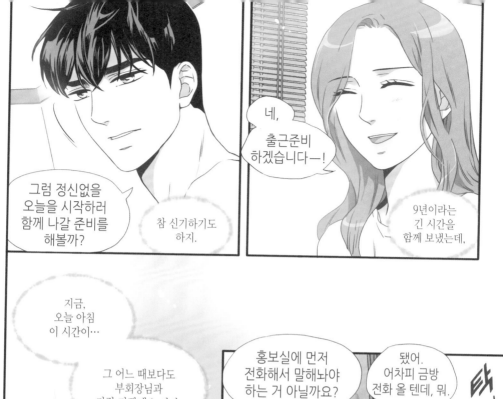

그럼 정신없을
오늘을 시작하러
함께 나갈 준비를
해볼까?

참 신기하기도
하지.

네,
출근준비
하겠습니다—!

9년이라는
긴 시간을
함께 보냈는데,

지금,
오늘 아침
이 시간이…

그 어느 때보다도
부회장님과
가장 가깝게 느껴져.

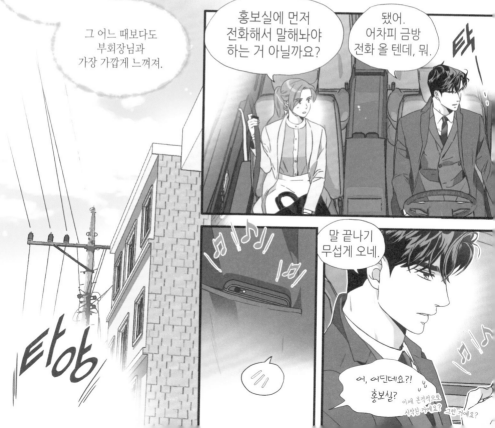

홍보실에 먼저
전화해서 말해놔야
하는 거 아닐까요?

됐어.
어차피 금방
전화 올 텐데, 뭐.

말 끝나기
무섭게 오네.

어, 어딘데요?!
홍보실?

이제 본격적으로
시작된 거예요? 그런 거예요?

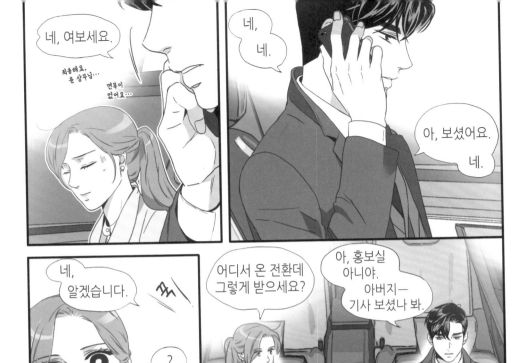

네, 여보세요.

죄송해요,
윤 상무님...
면목이
없어요....

네,
네.

아, 보셨어요.
네.

네,
알겠습니다.

어디서 온 전환데
그렇게 받으세요?

아, 홍보실
아니야.
아버지—
기사 보셨나 봐.

?

이

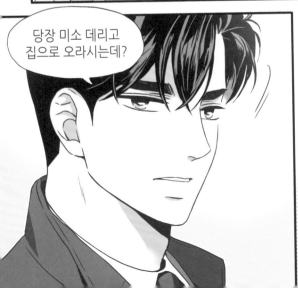

당장 미소 데리고
집으로 오라시는데?

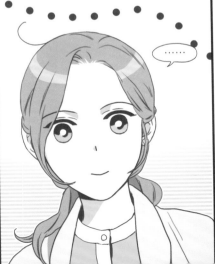

......

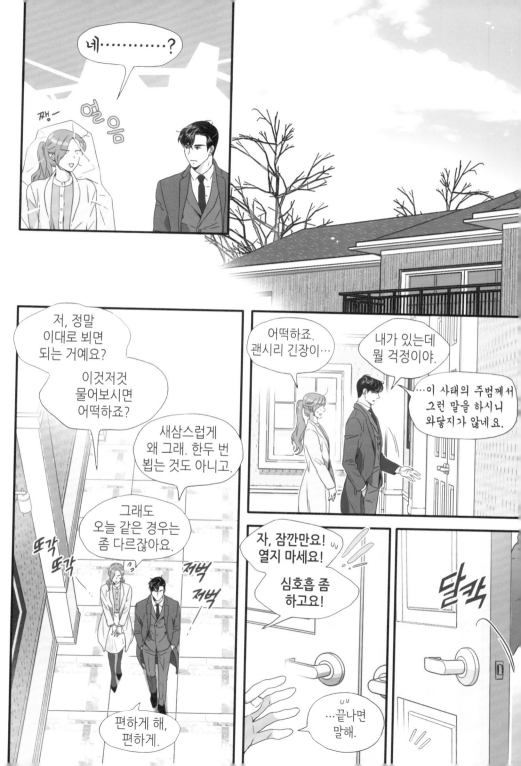

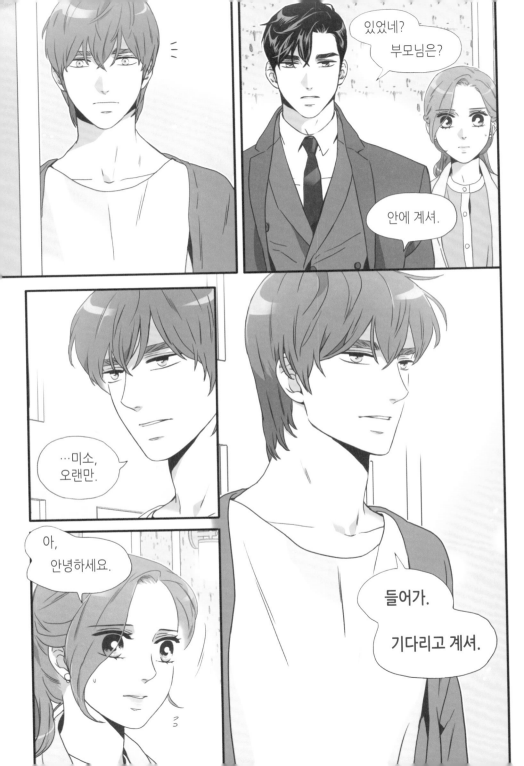

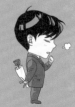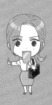

김 비서가 **5**
왜 그럴까

CHAPTER 76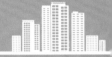

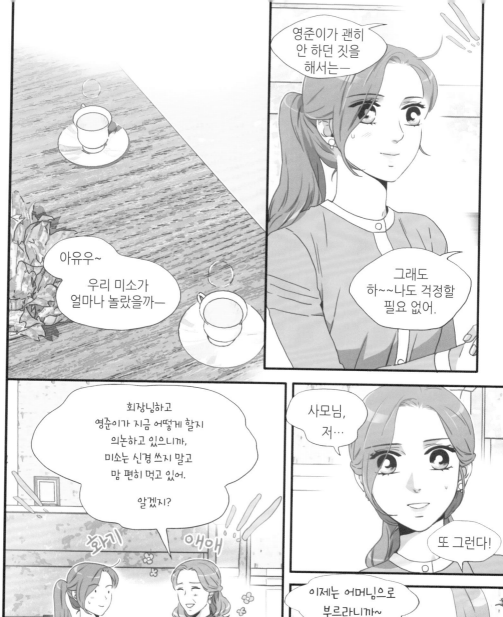

영준이가 괜히 안 하던 짓을 해서는—

그래도 하~~나도 걱정할 필요 없어.

아유우~

우리 미소가 얼마나 놀랐을까—

회장님하고 영준이가 지금 어떻게 할지 의논하고 있으니까, 미소는 신경 쓰지 말고 맘 편히 먹고 있어.

알겠지?

화기 애애

꼬옥-

사모님, 저…

또 그런다!

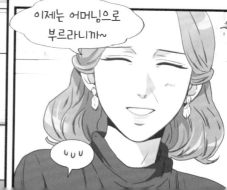

이제는 어머님으로 부르라니까~

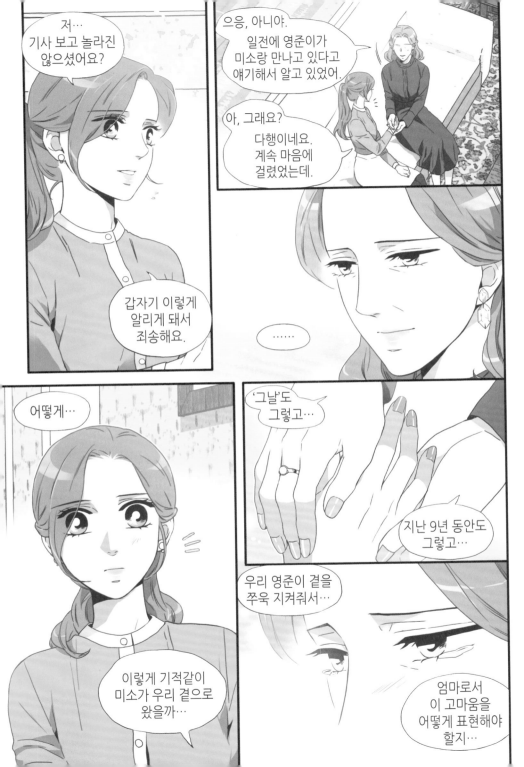

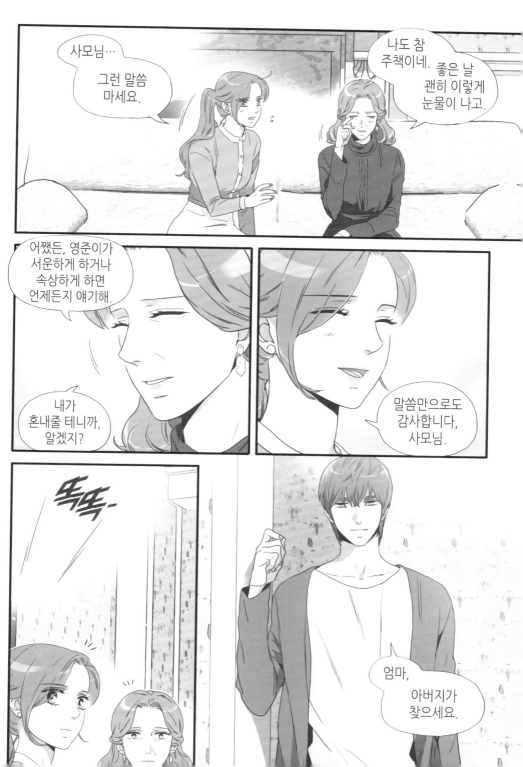

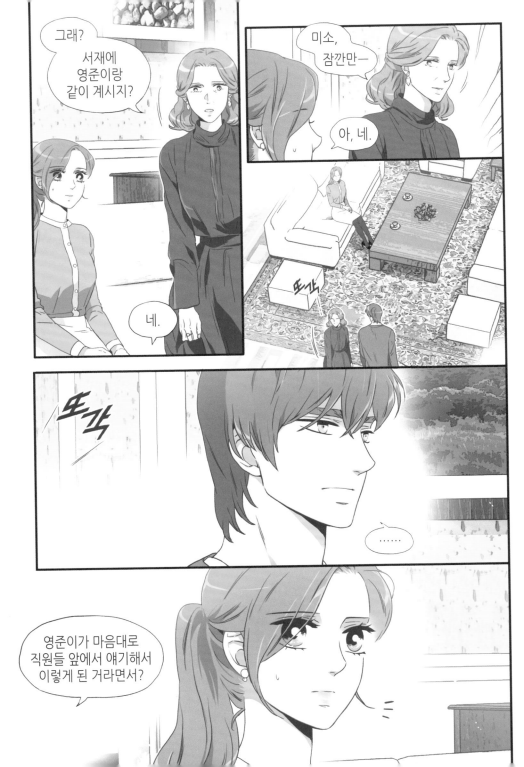

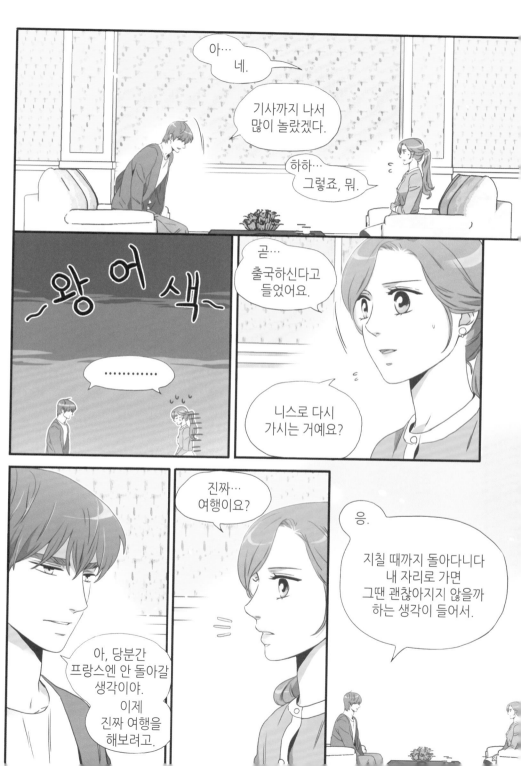

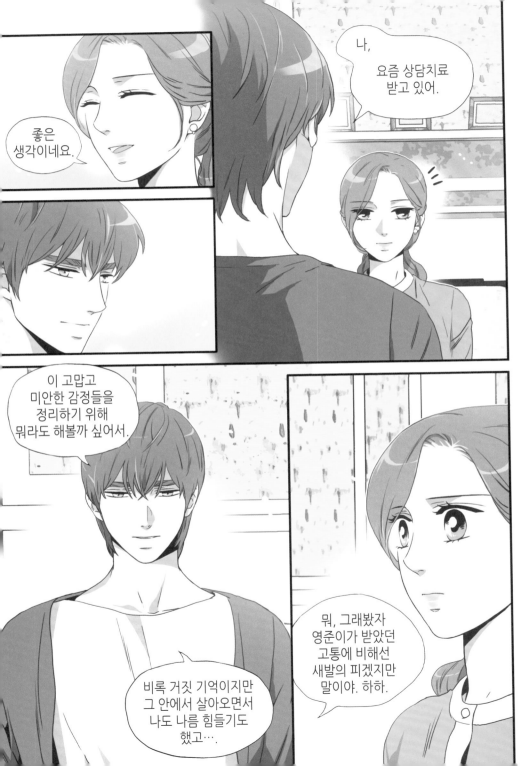

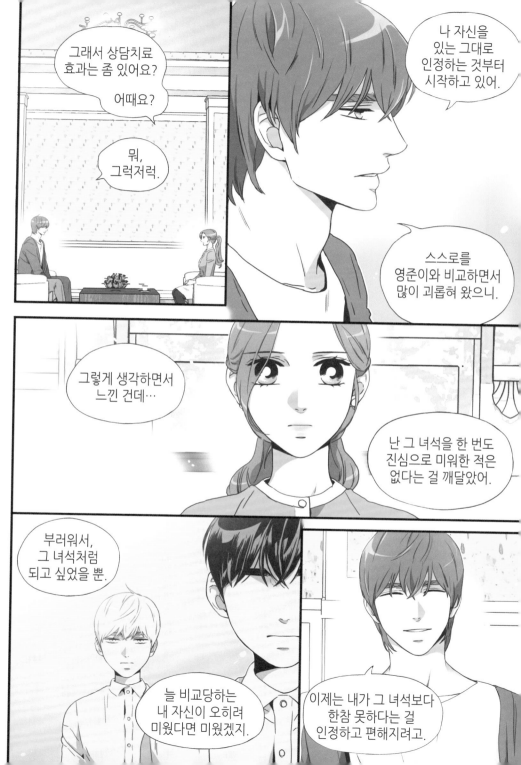

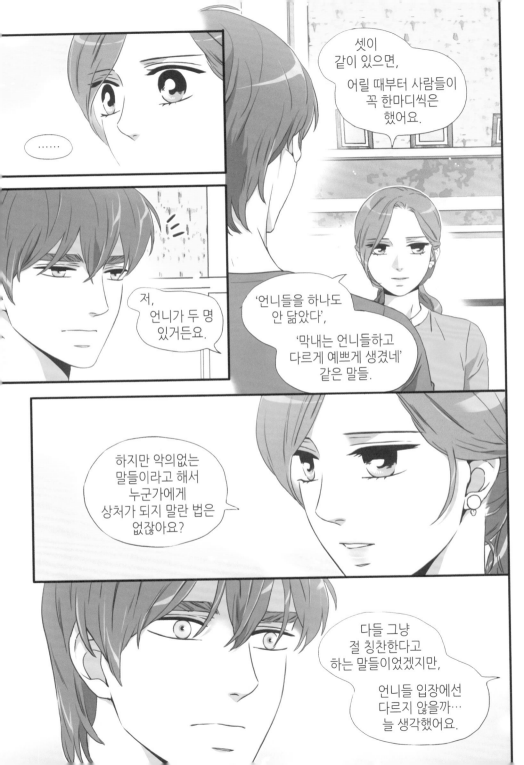

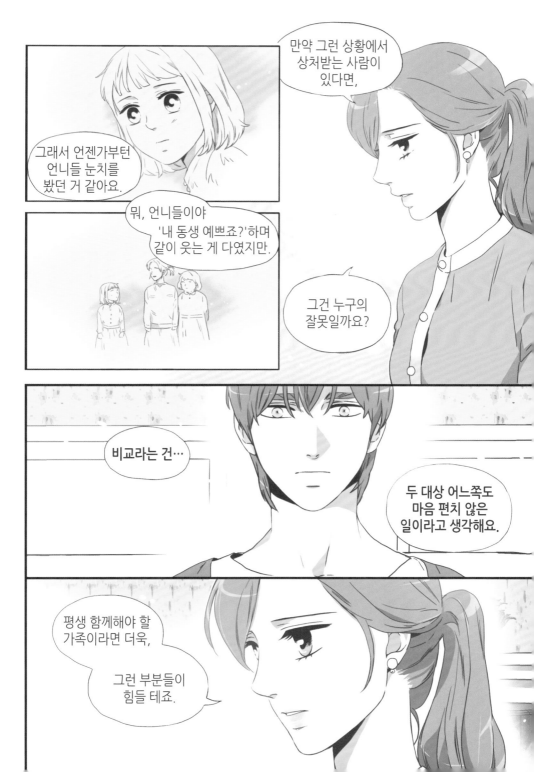

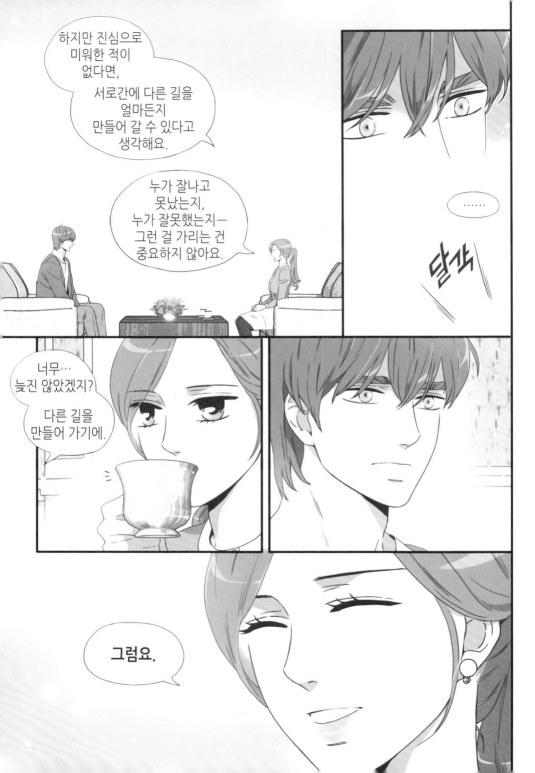

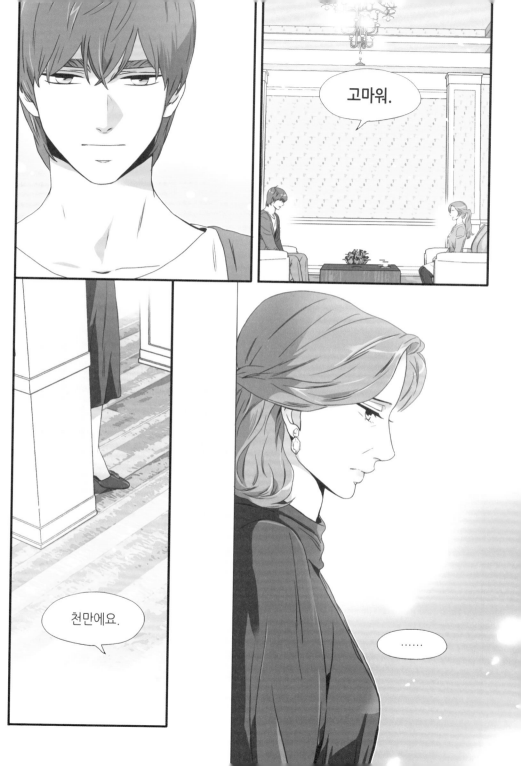

CHAPTER 77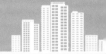

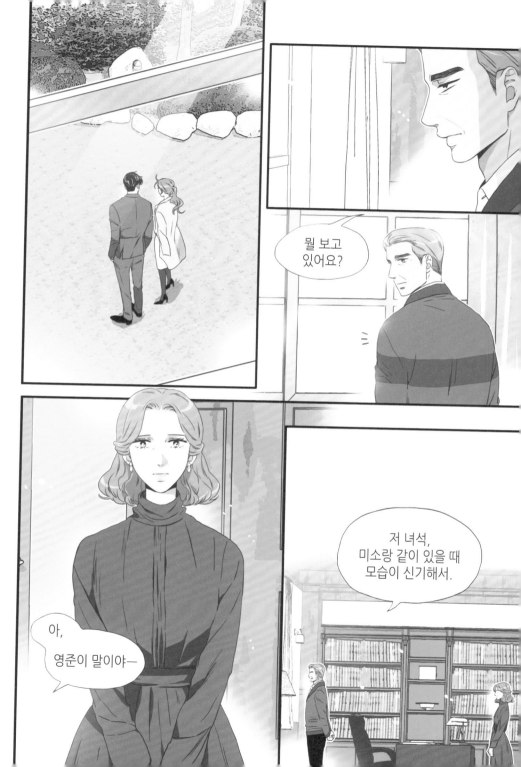

뭘 보고
있어요?

저 녀석,
미소랑 같이 있을 때
모습이 신기해서.

아,
영준이 말이야—

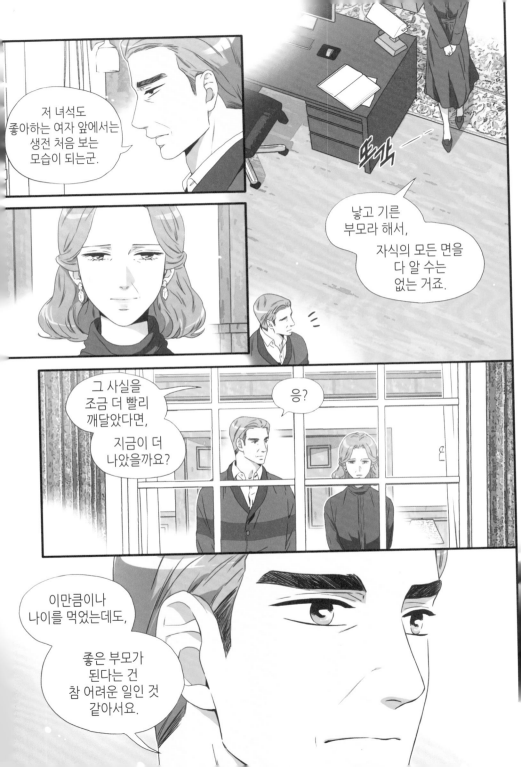

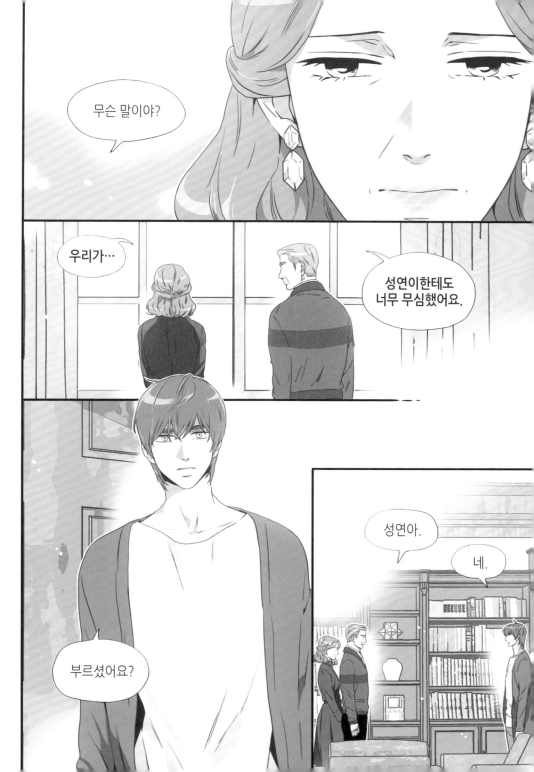

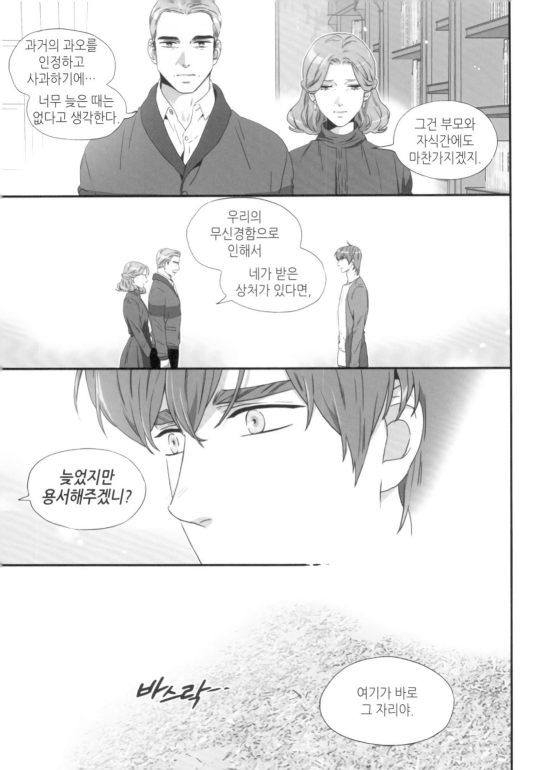

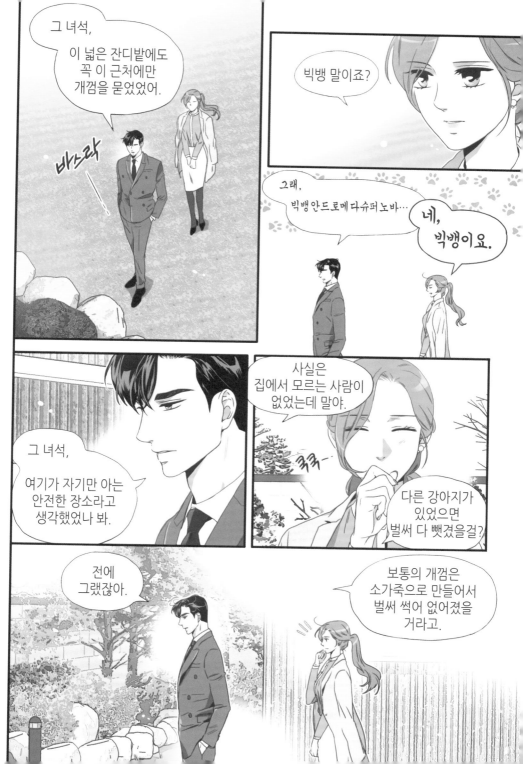

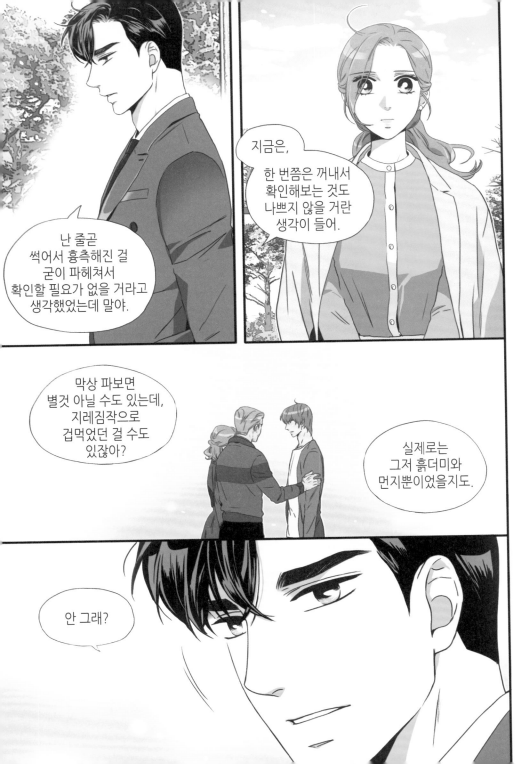

지금은,
한 번쯤은 꺼내서
확인해보는 것도
나쁘지 않을 거란
생각이 들어.

난 줄곧
썩어서 흉측해진 걸
굳이 파헤쳐서
확인할 필요가 없을 거라고
생각했었는데 말야.

막상 파보면
별것 아닐 수도 있는데,
지레짐작으로
겁먹었던 걸 수도
있잖아?

실제로는
그저 흙더미와
먼지뿐이었을지도.

안 그래?

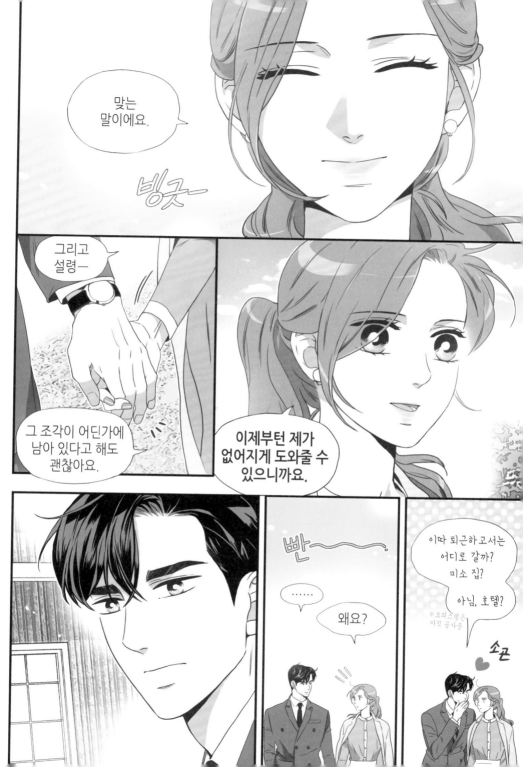

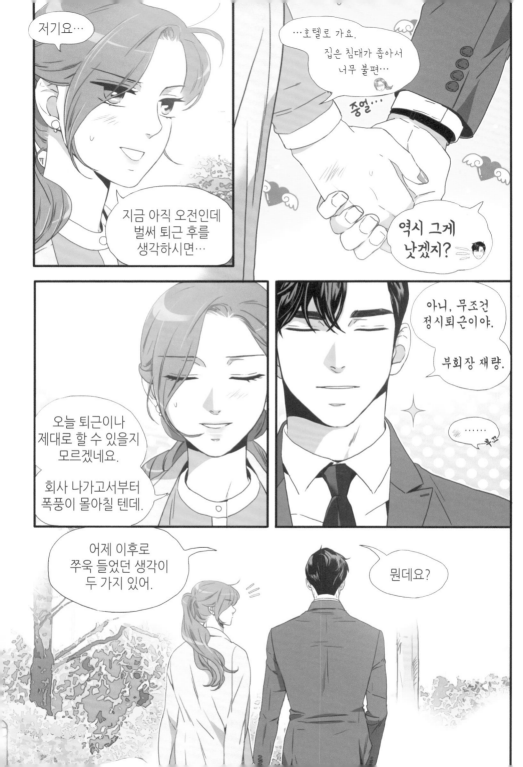

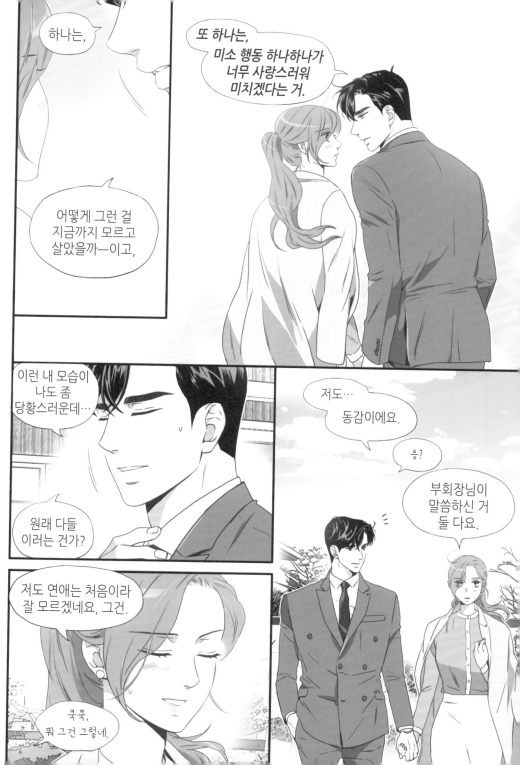

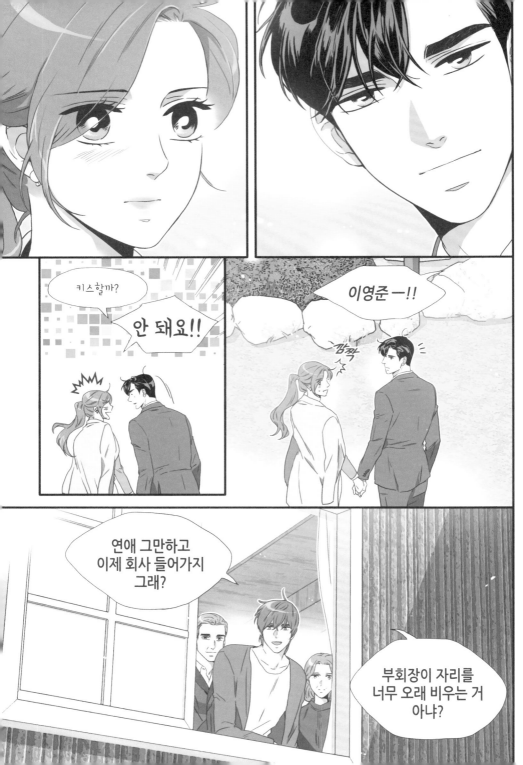

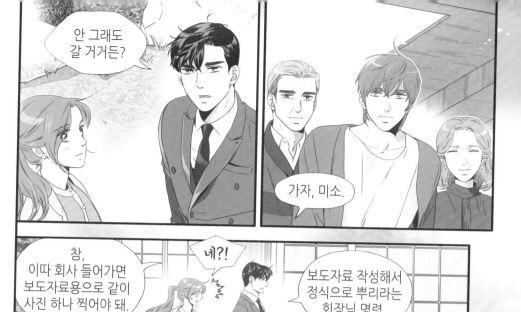

안 그래도
갈 거거든?

가자, 미소.

참,
이따 회사 들어가면
보도자료용으로 같이
사진 하나 찍어야 돼.

네?!

보도자료 작성해서
정식으로 뿌리라는
회장님 명령.

오, 오늘이요?

화장도 대충하고
옷도…!!

괜찮아.

아무것도 안 바르고
안 입었을 때가
제일 예쁜데, 뭘.

그거야,
부회장님 생각—

…것보다, 그런 얘기
밖에서 하지
말아주실래요…?

CHAPTER 78

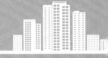

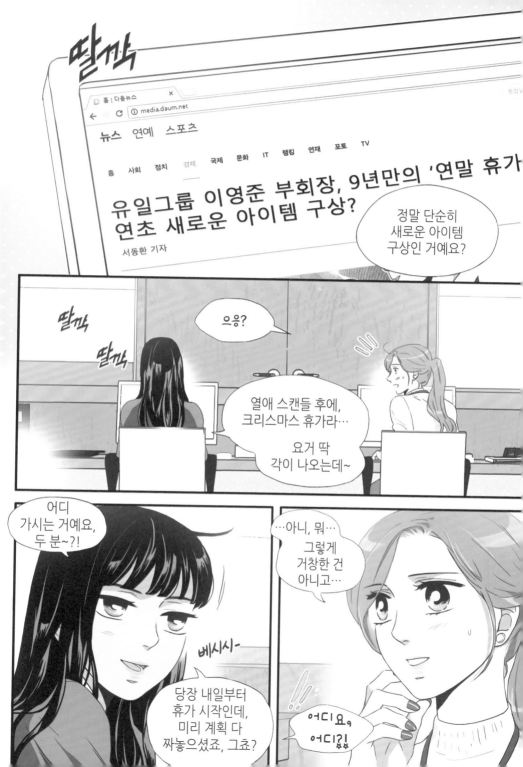

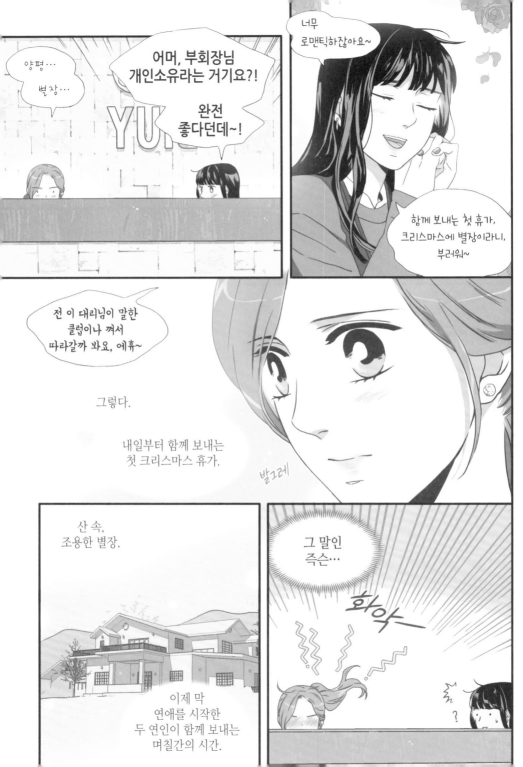

양평···

별장···

어머, 부회장님
개인소유라는 거기요?!

완전
좋다던데~!

너무
로맨틱하잖아요~

함께 보내는 첫 휴가,
크리스마스에 별장이라니,
부러워~

전 이 대리님이 말한
클럽이나 껴서
따라갈까 봐요, 에휴~

그렇다.

내일부터 함께 보내는
첫 크리스마스 휴가.

발그레

산 속,
조용한 별장.

이제 막
연애를 시작한
두 연인이 함께 보내는
며칠간의 시간.

그 말인
즉슨···

화악

?

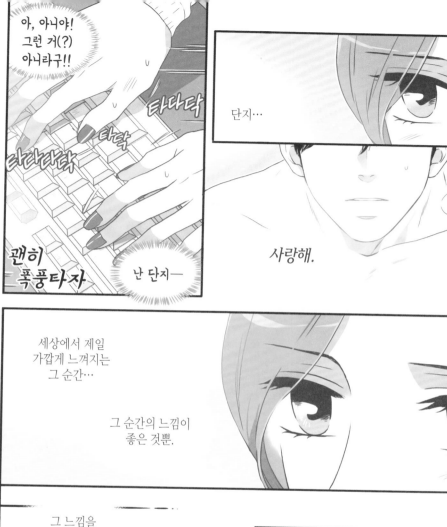

아, 아니야!
그런 게(?)
아니라구!!

타다다

타닥

타다다닥

괜히
폭풍타자

난 단지ー

단지…

사랑해.

세상에서 제일
가깝게 느껴지는
그 순간…

그 순간의 느낌이
좋은 것뿐.

그 느낌을
누구와도
공유해본 적
없으니까…

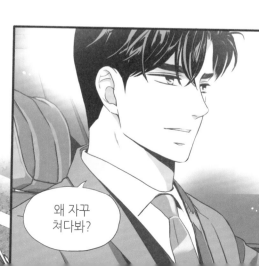

왜 자꾸
쳐다봐?

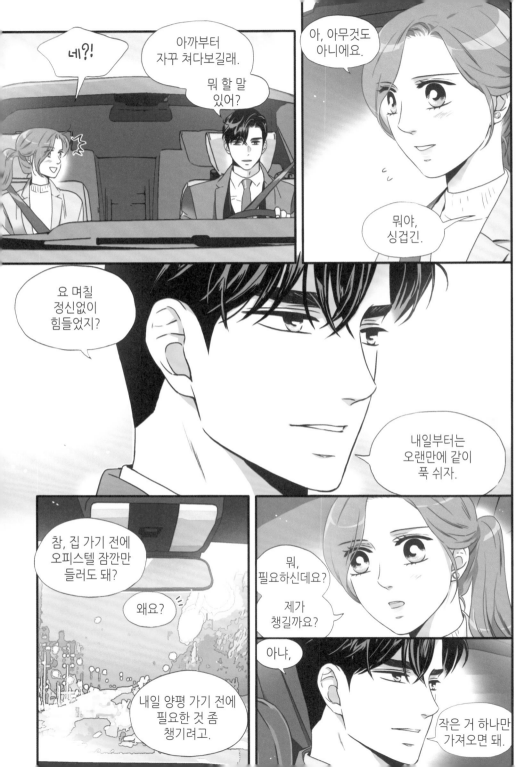

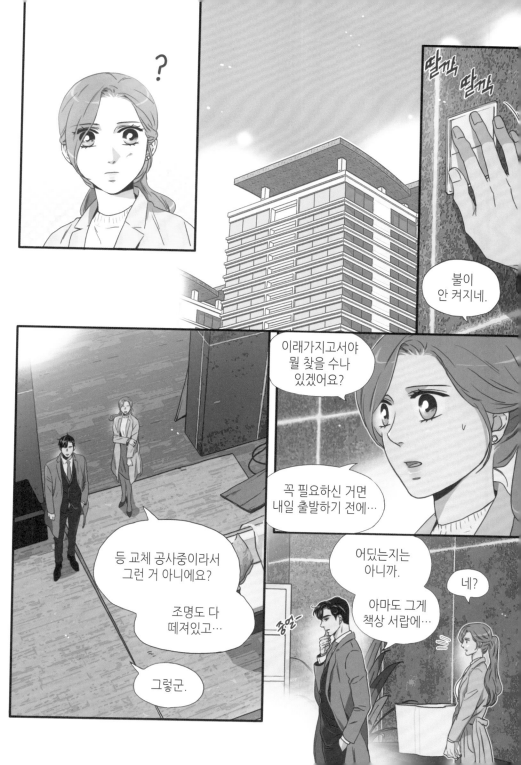

?

딸깍 딸깍

불이
안 켜지네.

이래가지고서야
뭘 찾을 수나
있겠어요?

꼭 필요하신 거면
내일 출발하기 전에…

등 교체 공사중이라서
그런 거 아니에요?

어딨는지는
아니까.

네?

조명도 다
떼져있고…

아마도 그게
책상 서랍에…

중얼~

그렇군.

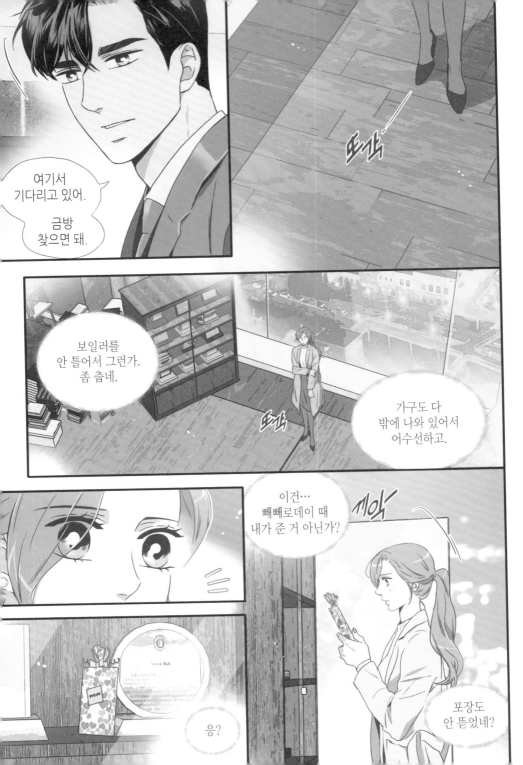

여기서
기다리고 있어.

금방
찾으면 돼.

또각

보일러를
안 틀어서 그런가.
좀 춥네.

또각

가구도 다
밖에 나와 있어서
어수선하고.

이건…
빼빼로데이 때
내가 준 거 아닌가?

끼익

응?

포장도
안 뜯었네?

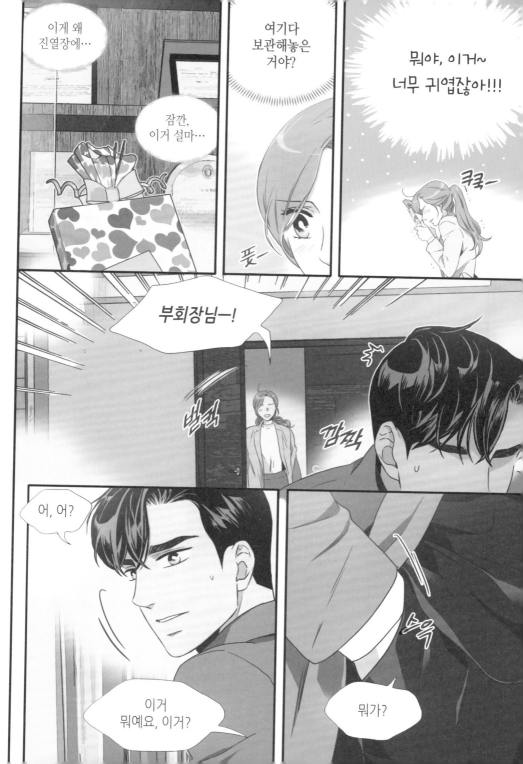

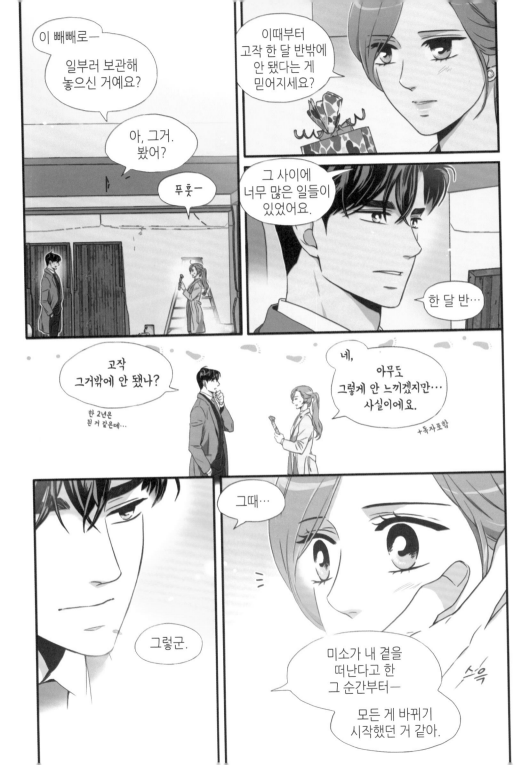

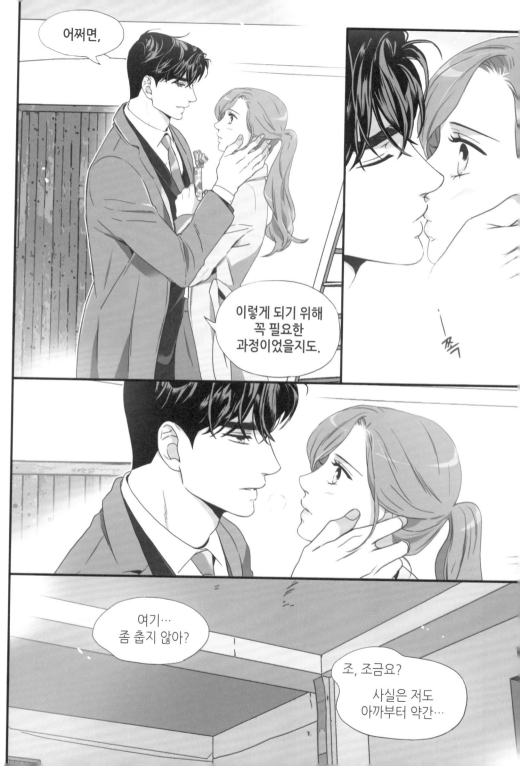

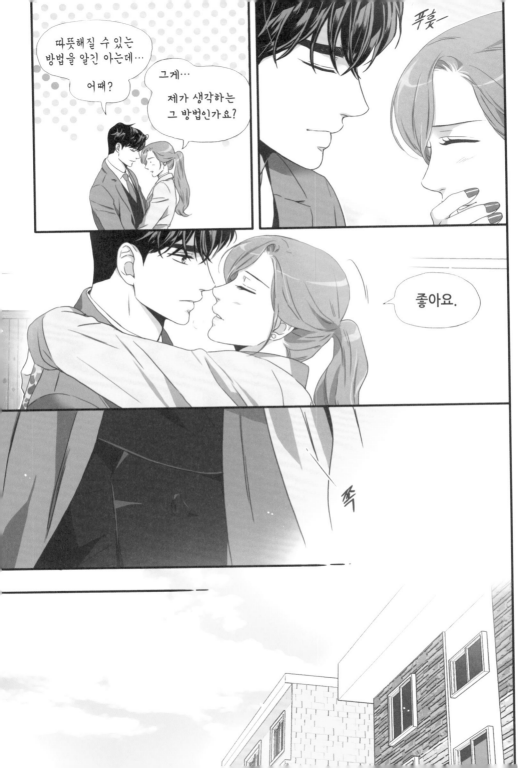

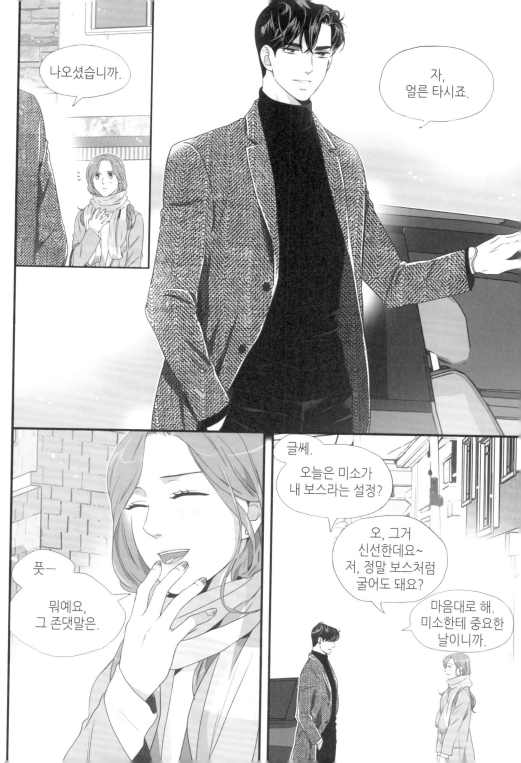

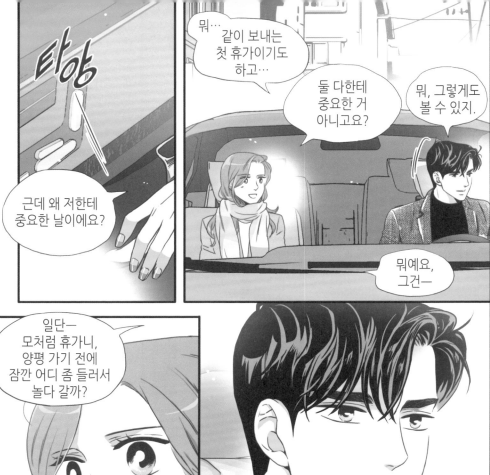

타앙

근데 왜 저한테
중요한 날이에요?

뭐…
같이 보내는
첫 휴가이기도
하고…

둘 다한테
중요한 거
아니고요?

뭐, 그렇게도
볼 수 있지.

뭐예요,
그건—

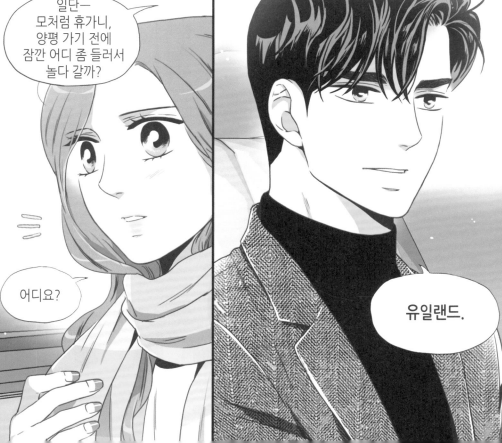

일단—
모처럼 휴가니,
양평 가기 전에
잠깐 어디 좀 들러서
놀다 갈까?

어디요?

유일랜드.

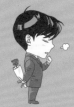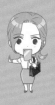

김 비서가 **5** 왜 그럴까

CHAPTER **79**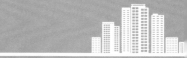

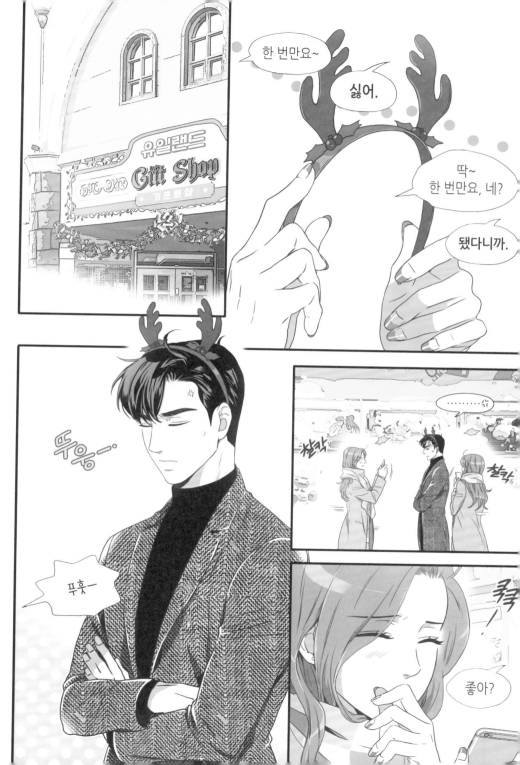

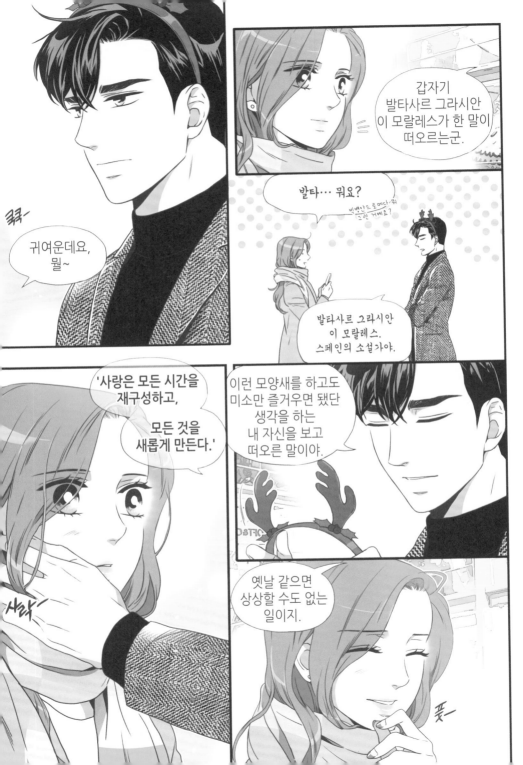

갑자기
발타사르 그라시안
이 모랄레스가 한 말이
떠오르는군.

발타… 뭐요?

빅밴드 로 맨드, 뭐
그런 거예요?

귀여운데요,
뭘~

발타사르 그라시안
이 모랄레스.
스페인의 소설가야.

'사랑은 모든 시간을
재구성하고,

모든 것을
새롭게 만든다.'

이런 모양새를 하고도
미소만 즐거우면 됐단
생각을 하는
내 자신을 보고
떠오른 말이야.

옛날 같으면
상상할 수도 없는
일이지.

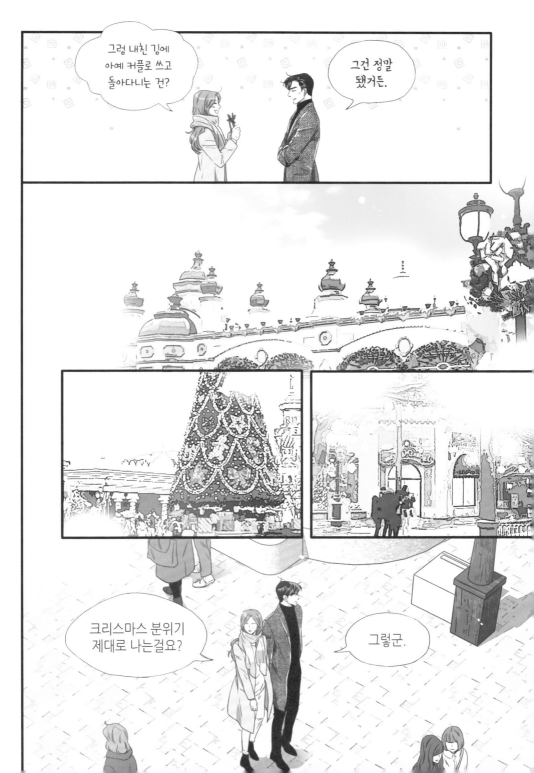

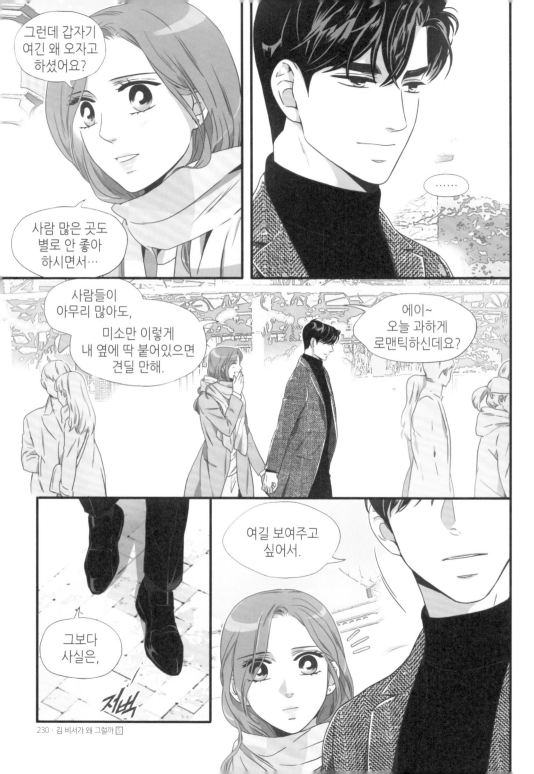

그런데 갑자기 여긴 왜 오자고 하셨어요?

......

사람 많은 곳도 별로 안 좋아 하시면서…

사람들이 아무리 많아도,

미소만 이렇게 내 옆에 딱 붙어있으면 견딜 만해.

에이~ 오늘 과하게 로맨틱하신데요?

여길 보여주고 싶어서.

그보다 사실은,

저벅

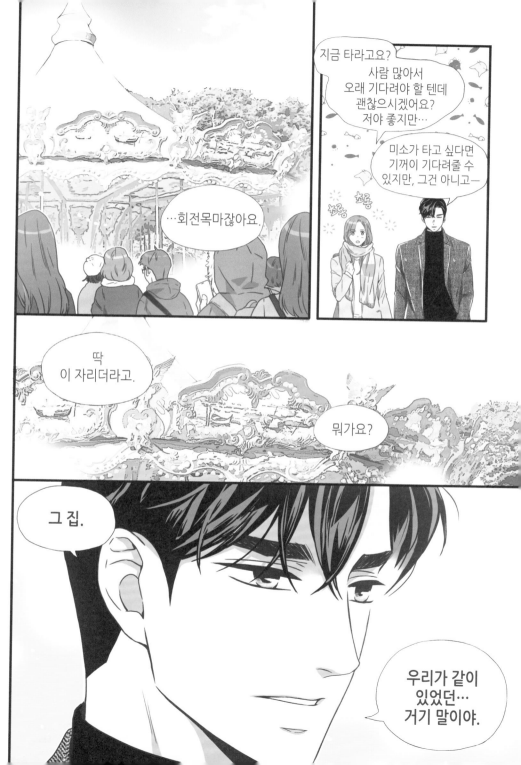

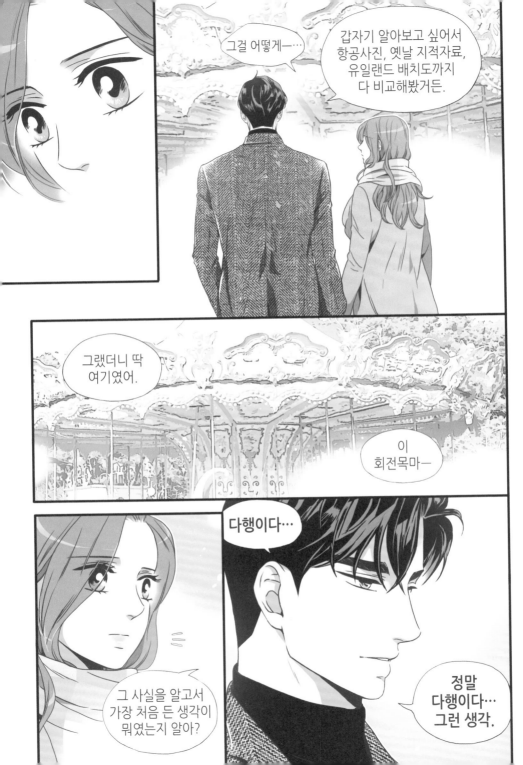

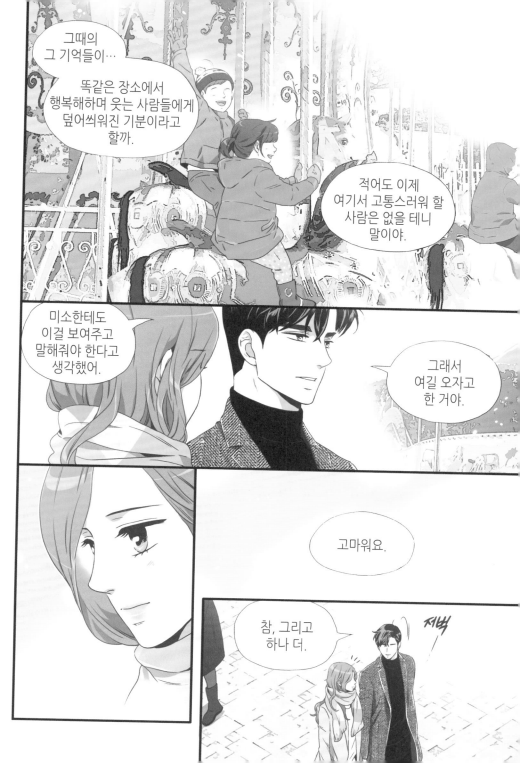

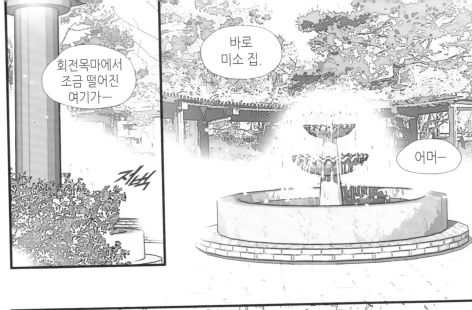

회전목마에서 조금 떨어진 여기가—

바로 미소 집.

어머—

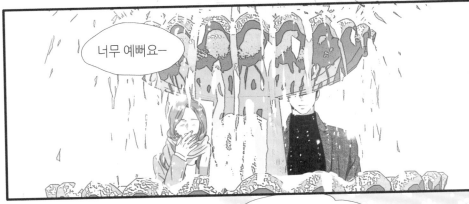

너무 예뻐요—

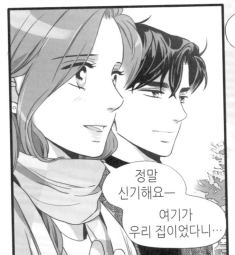

정말 신기해요—

여기가 우리 집이었다니…

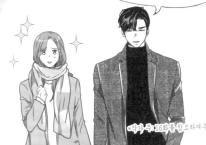

화장실이나 귀신의 집, 사파리 곰 사육장이 아니라서 얼마나 다행인지~

아아, 정말 너무하네. 꼭 이런 순간에까지 그 얘길 다시 해야 해?

작가 주: 16화를 참조하여 주세요.

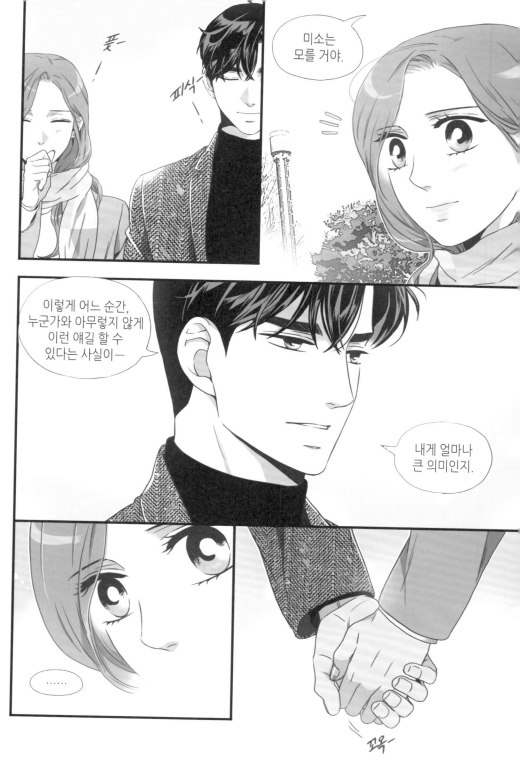

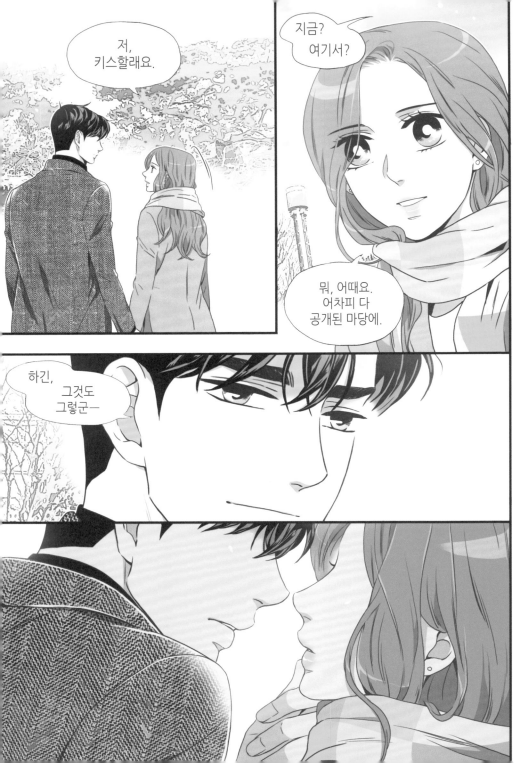

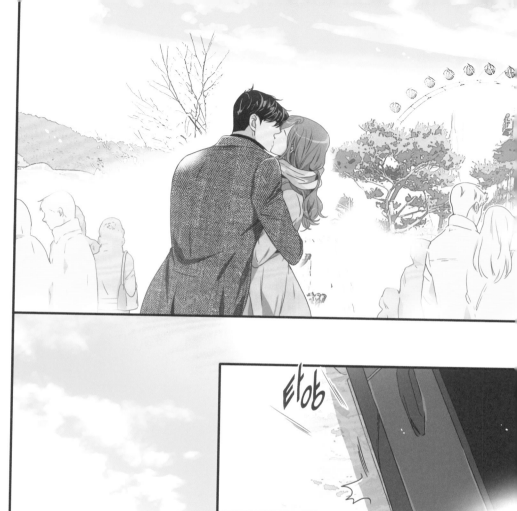

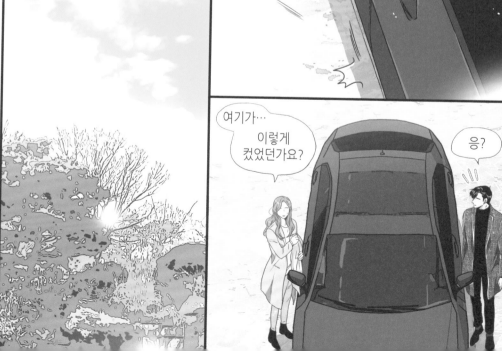

탁아

여기가…
이렇게
컸었던가요?

응?

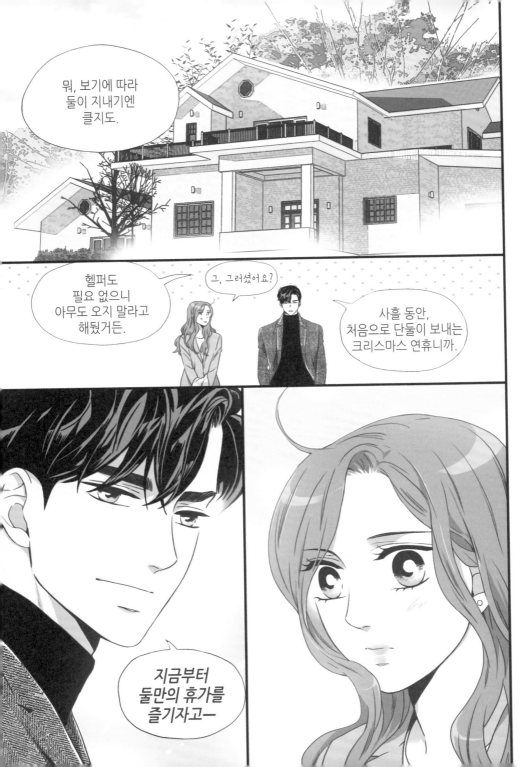

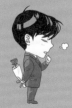
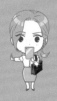

김 비서가 5
왜 그럴까

CHAPTER **80**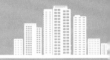

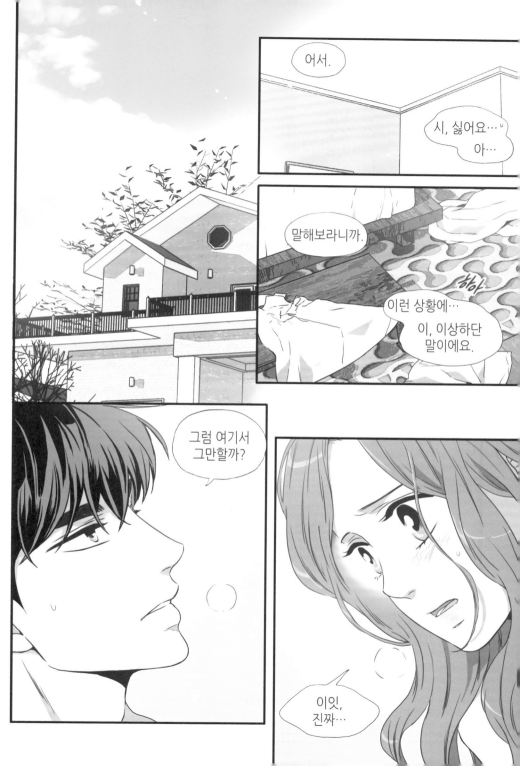

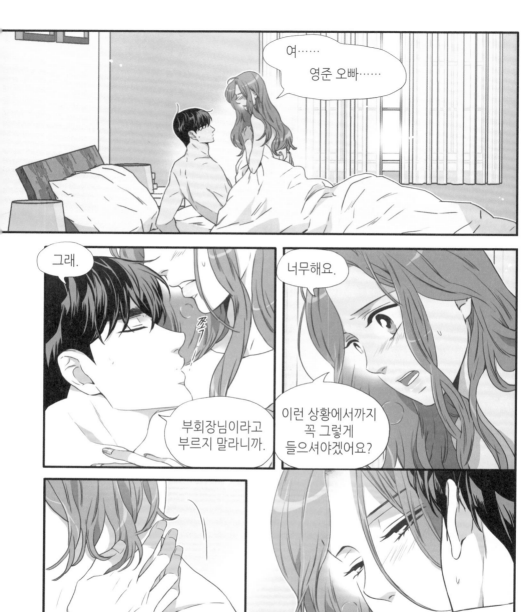

여······
영준 오빠······

그래.

부회장님이라고
부르지 말라니까.

너무해요.

이런 상황에서까지
꼭 그렇게
들으셔야겠어요?

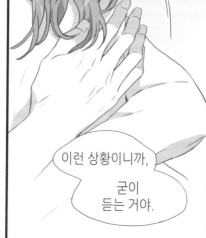

이런 상황이니까,

굳이
듣는 거야.

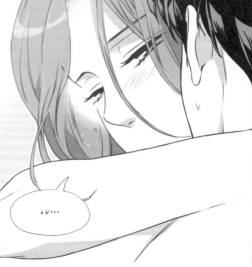

ㅇ∨···

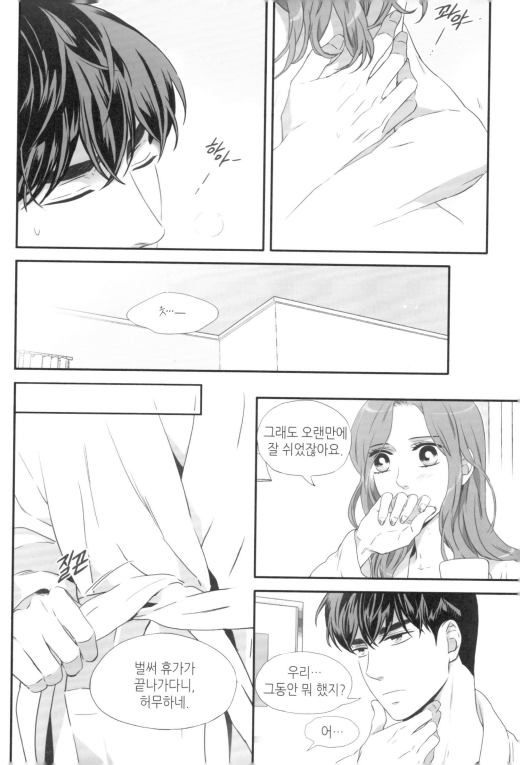

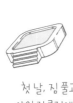

첫 날, 짐 풀고
야외 자쿠지에서
같이 목욕하다가.

야식과 함께
와인 한잔 하다가.

눈싸움하고
들어오자마자
갑자기 달아올라서.

같이 영화보다가
눈 맞아서.

그리고 방금
늦잠 자고
일어나면서.

거의
짐승이었군.

먹고, 자고, 하고…
먹고, 자고, 하고…
이 세 가지밖엔…

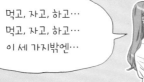

…완벽히요…?

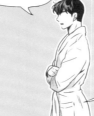

이렇게 보니
많이 심각한 것
같아요, 우리.

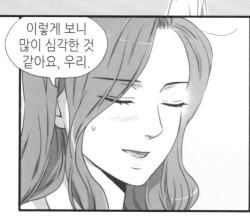

뭐 어때.

지난 시간의
보상이라고
생각하자고.

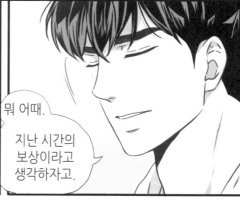

말 나온 김에
오늘 가기 전
얼른 밥 먹고
소화도 시킬 겸…?

……

막연히
부정의 의미는
아닌 침묵.

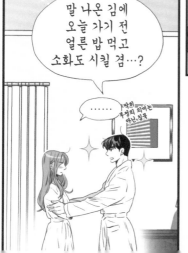

무슨
전화야?

수성그룹
비서실이요.

휴가잖아,
받지 마.

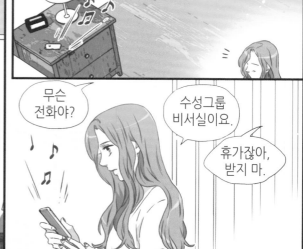

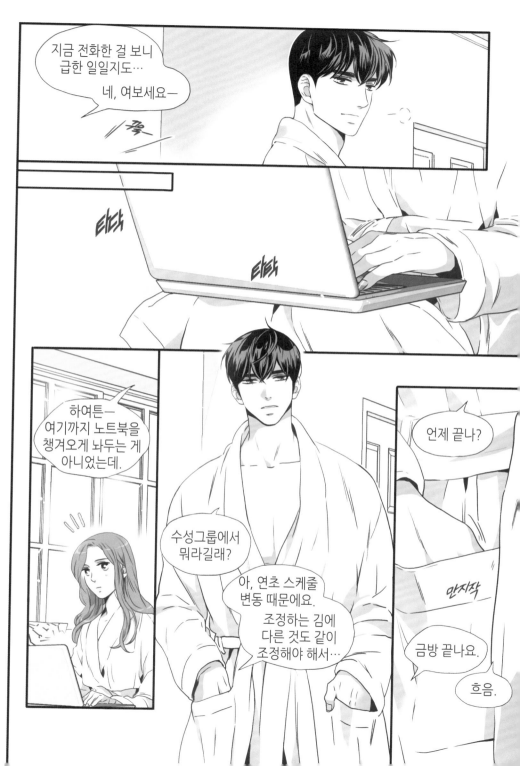

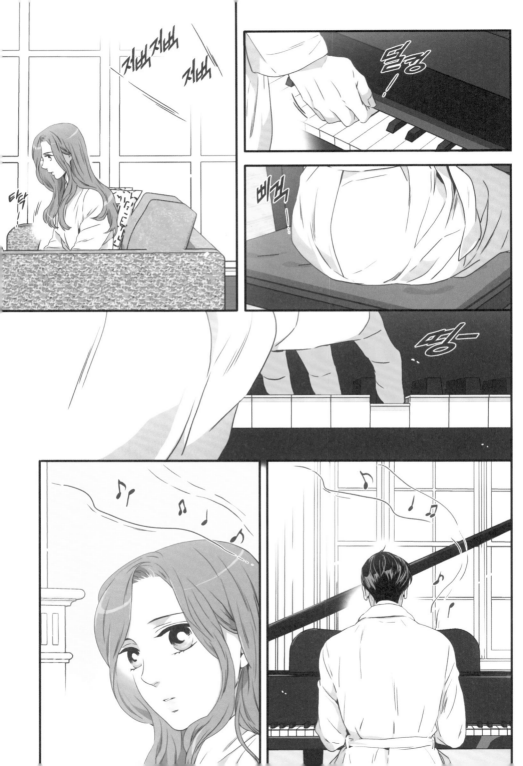

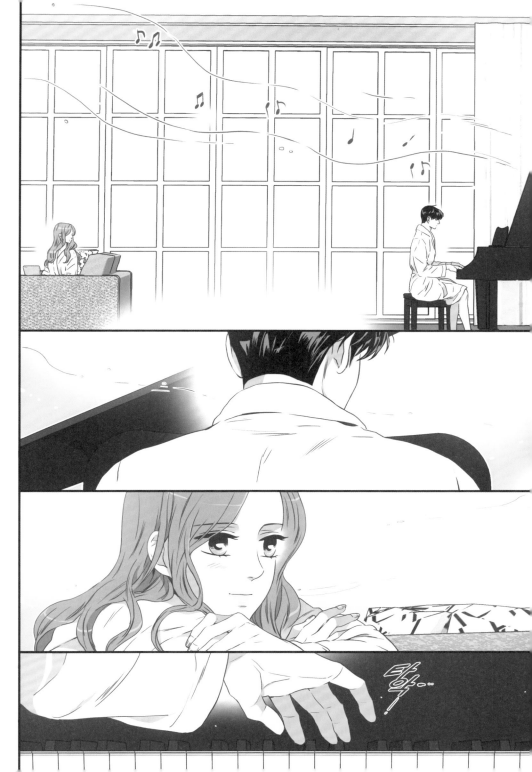

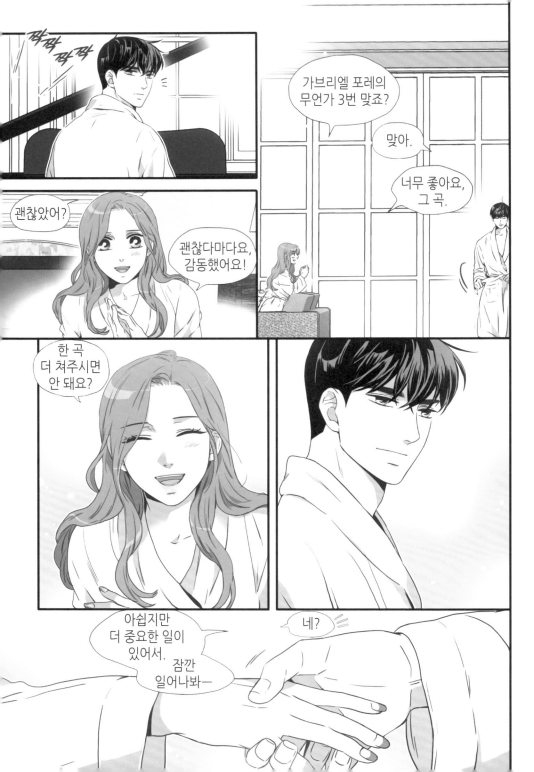

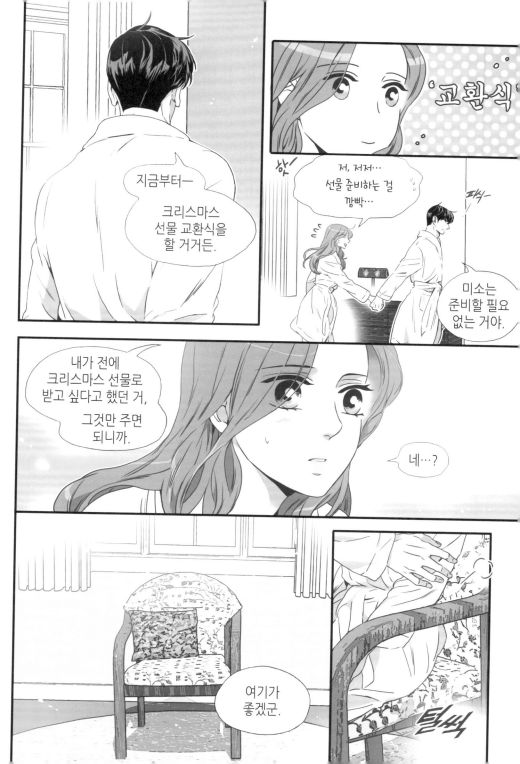

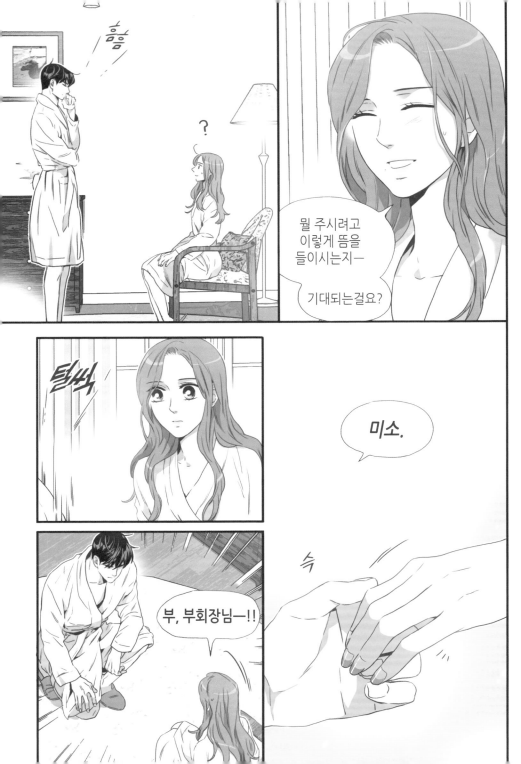

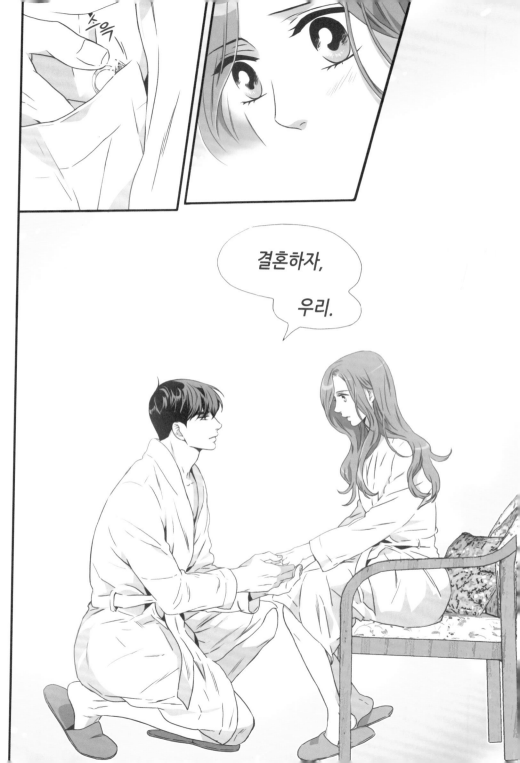

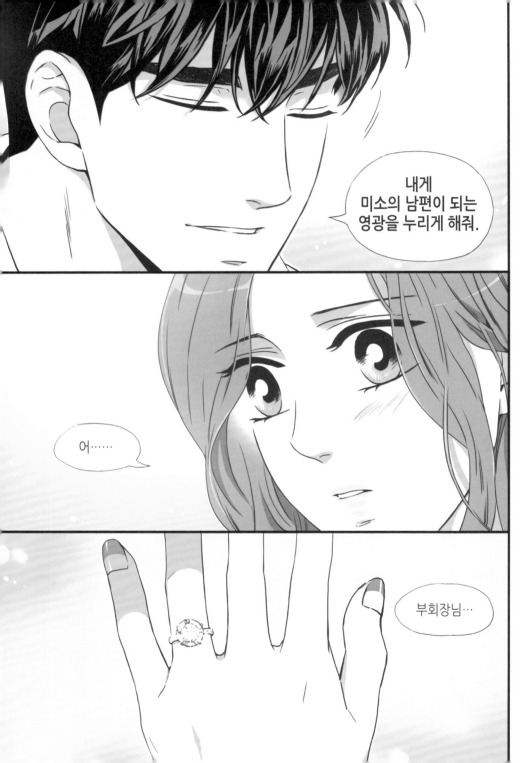

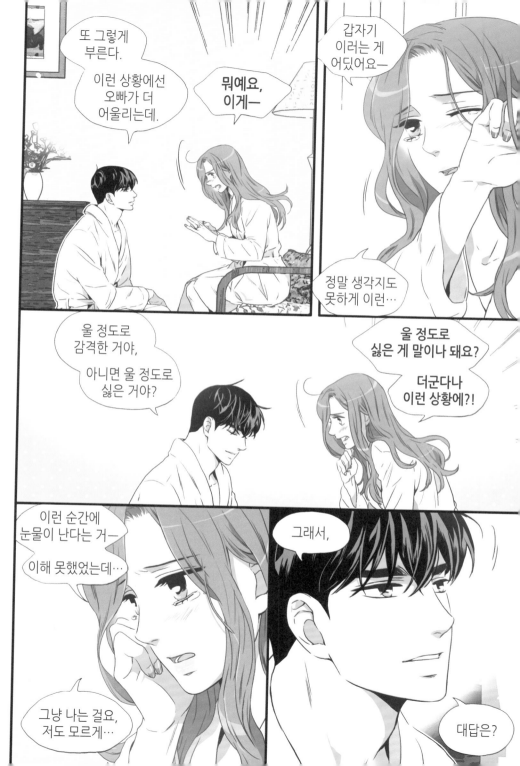

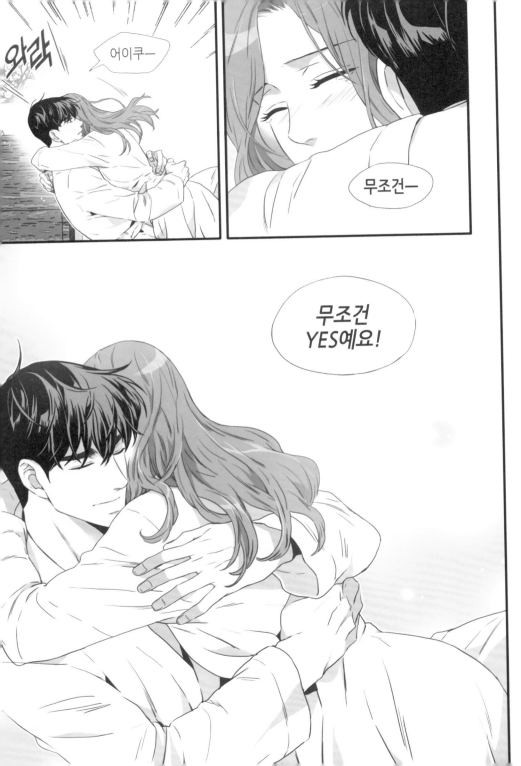

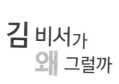

김 비서가
왜 그럴까

6권에서 계속…

SPECIAL PAGE I 컬러링 과정

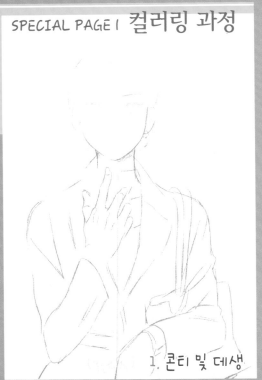

1. 콘티 및 데생

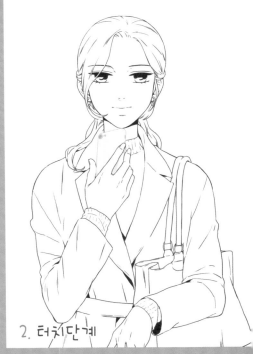

2. 터치단계

3. 밑색작업

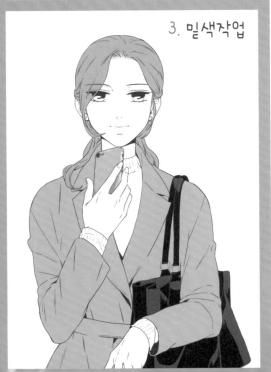

4. 명암 및 완성

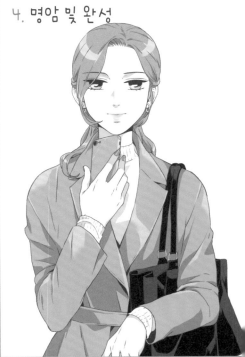

SPECIAL PAGE 2 일러스트 gallery

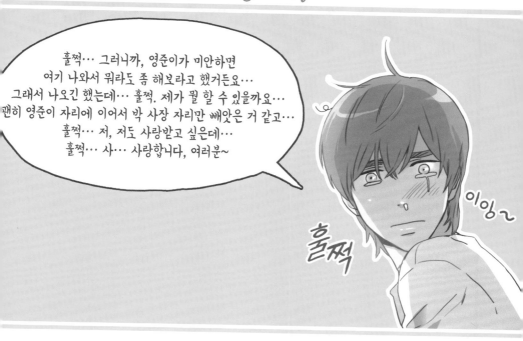

훌쩍… 그러니까, 영준이가 미안하면
여기 나와서 뭐라도 좀 해보라고 했거든요…
그래서 나오긴 했는데… 훌쩍. 제가 뭘 할 수 있을까요…
괜히 영준이 자리에 이어서 박 사장 자리만 빼앗은 거 같고…
훌쩍… 저, 저도 사랑받고 싶은데…
훌쩍… 사… 사랑합니다, 여러분~

훌쩍

이잉~

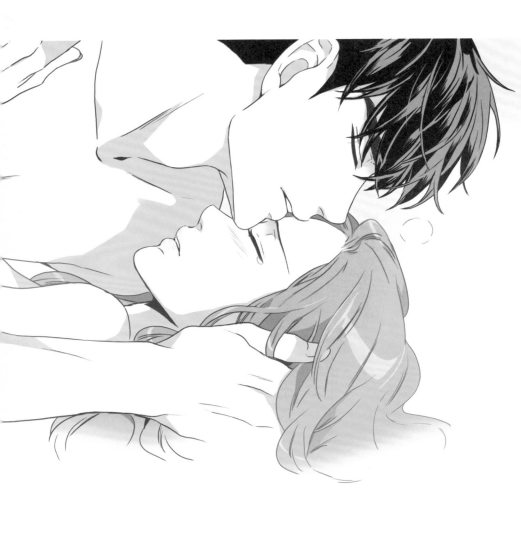

"이렇게 온전히 함께하지 못한 시간이 아까워 미쳐버릴 정도로."

"네, 제가 다 책임질게요."

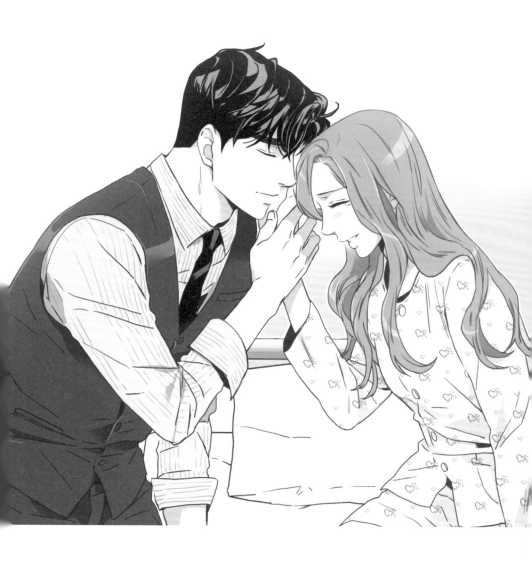

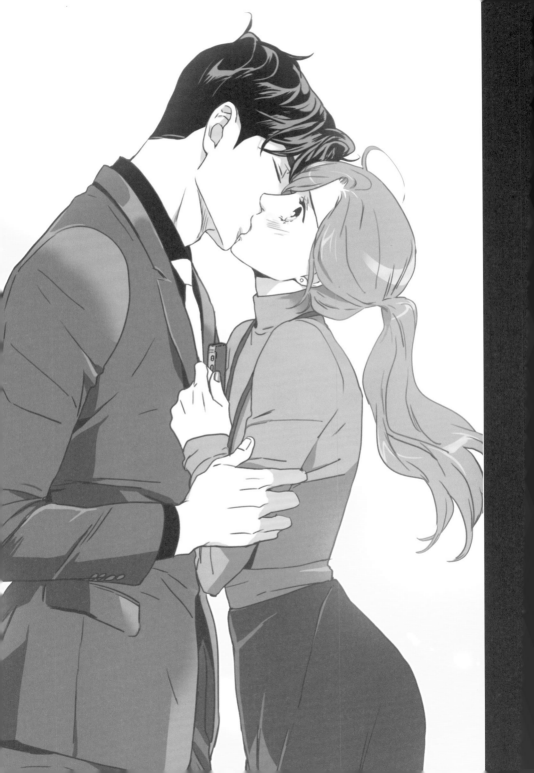

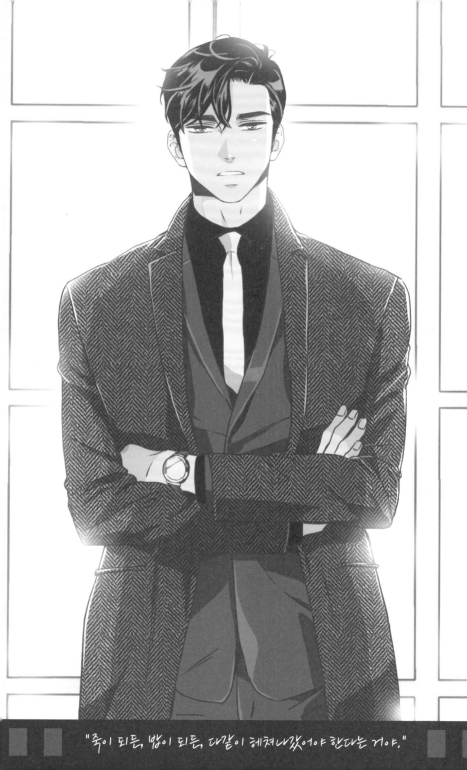

"죽이 되든, 밥이 되든, 다같이 헤쳐나갔어야 한다는 거야."

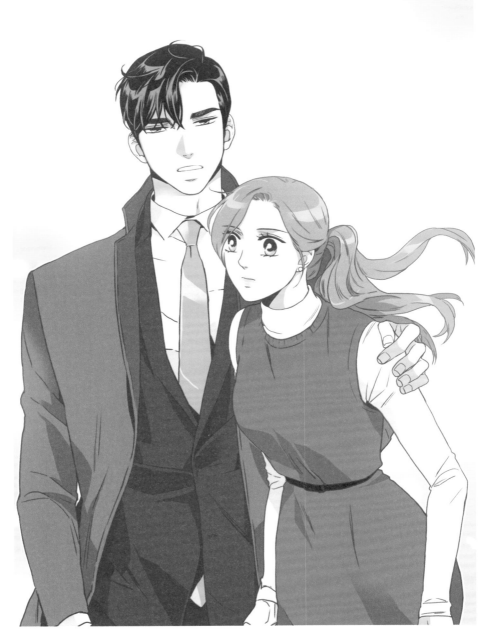

"내가 내 여자 데려가겠다는데 이의 있는 사람?"

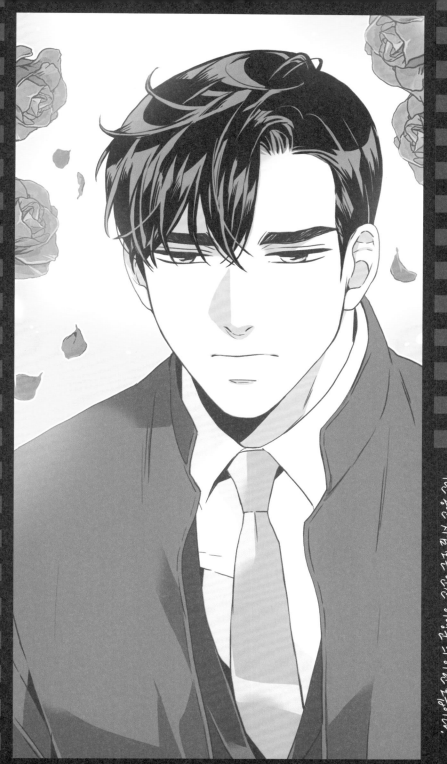

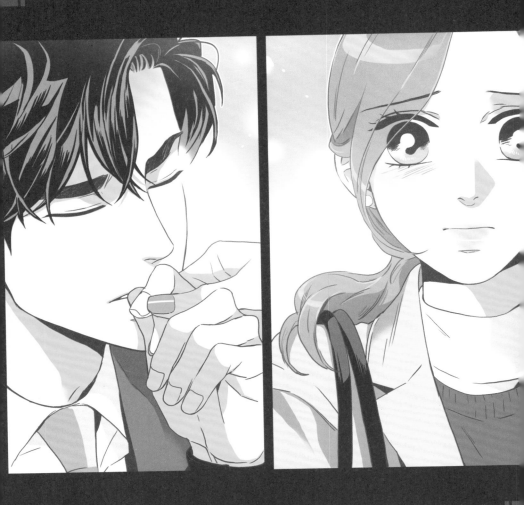

"난 그렇게 할 거야. 널 만나기 위해서라면."

"백 번이 되든, 천 번이 되든, 절대 후회하지 않을 자신 있어."

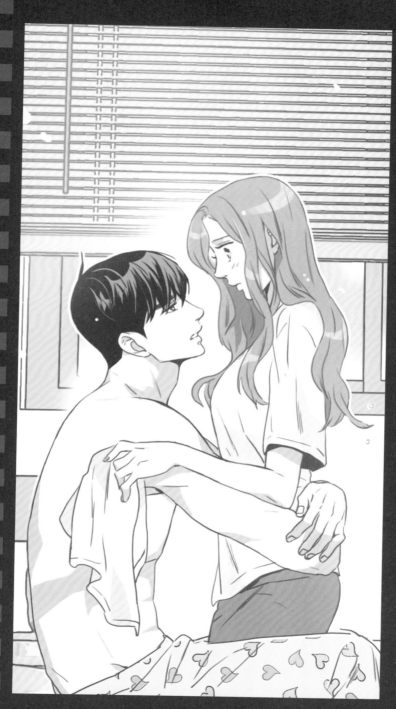

"지금 벗어나는 방안에 이런 것도 좋겠잖아 V"

"또 하나는, 미소 행동 하나하나가 너무 사랑스러워 미치겠다는 거."

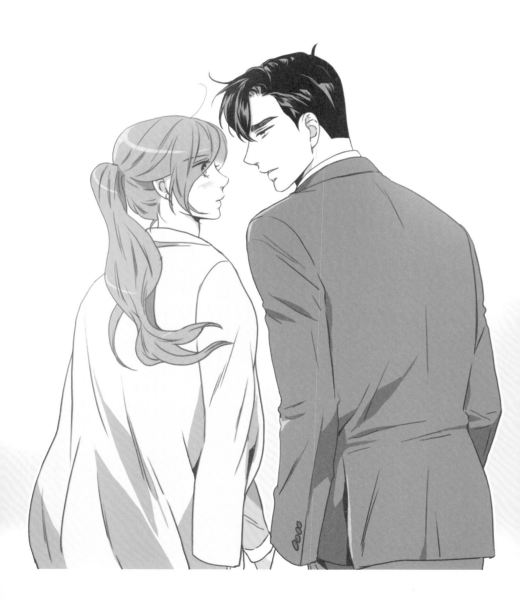

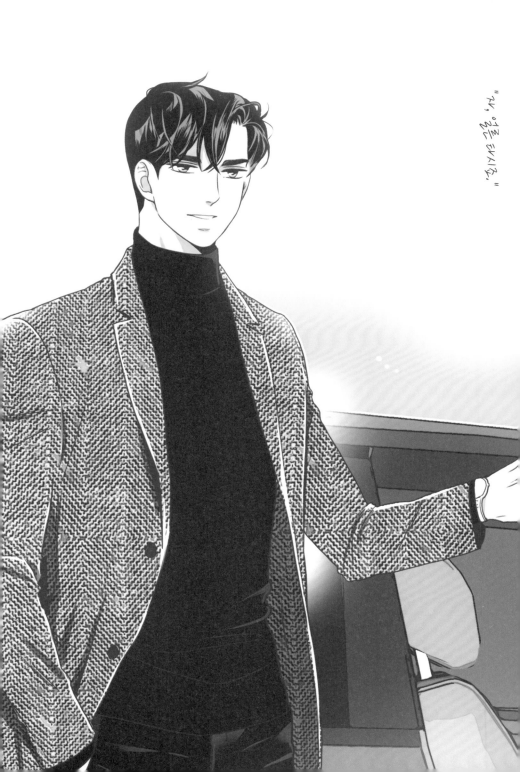

"자, 얼른 타시지요."

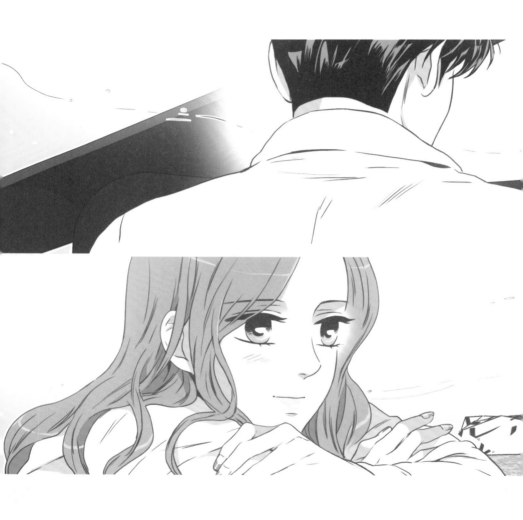

"결혼하자, 우리."

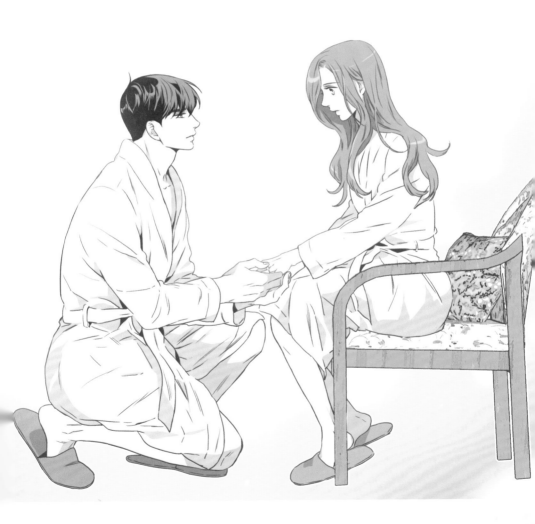

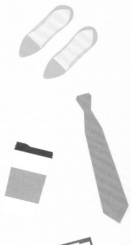

김 비서가 5
왜 그럴까

초판 1쇄 발행 2018년 11월 30일
초판 5쇄 발행 2022년 05월 25일

글·그림 김명미 **원작** 정경윤

펴낸이 김영중
펴낸곳 YJ코믹스
출판등록 2015년 3월 26일 제2017-000127호
주소 서울 마포구 양화로 156, 1725호 (동교동, LG팰리스빌딩)
대표전화 02-322-0245
팩스번호 02-313-0245

웹툰은 오직 카카오페이지에서 (https://page.kakao.com/home/48704250)
YJ코믹스 https://yjcomics.com/

ISBN 979-11-963892-5-3 24650
ISBN 979-11-960652-6-3 (세트)

값 13,000원